Rodrigo Peres

O que aprendi com a

Fisiot

erapia

Copyright©2015 Editora Manole Ltda. por meio de contrato com o autor e com a Central da Fisioterapia Ltda.

LOGOTIPO *Copyright* © Central da Fisioterapia

EDITOR GESTOR Walter Luiz Coutinho
EDITORA Karin Gutz Inglez
PRODUÇÃO EDITORIAL Cristiana Gonzaga S. Corrêa, Juliana Morais e Janicéia Pereira
CAPA E PROJETO GRÁFICO Departamento Editorial da Editora Manole

DADOS INTERNACIONAIS DE CATALOGAÇÃO NA PUBLICAÇÃO (CIP)
(CÂMARA BRASILEIRA DO LIVRO, SP, BRASIL)

Peres, Rodrigo
O que aprendi com a fisioterapia /
Rodrigo Peres. – Barueri, SP: Minha Editora, 2015.
ISBN 978-85-7868-209-5
1. Fisioterapia como profissão 2. Memórias
autobiográficas 3. Relatos I. Título.
15-01723   CDD-615.8202392

ÍNDICES PARA CATÁLOGO SISTEMÁTICO:
1. Fisioterapia: Profissão:
Memórias autobiográficas   615.8202392

Todos os direitos reservados.
Nenhuma parte deste livro poderá ser reproduzida,
por qualquer processo, sem a permissão expressa dos editores.
É proibida a reprodução por xerox.
A Editora Manole é filiada à ABDR – Associação Brasileira de Direitos
Reprográficos.

1ª edição – 2015

EDITORA MANOLE LTDA.
Avenida Ceci, 672 – Tamboré |
06460-120 – Barueri – SP – Brasil
Tel.: (11) 4196-6000 – Fax: (11) 4196-6021
www.manole.com.br | info@manole.com.br

Impresso no Brasil | *Printed in Brazil*

Este livro contempla as regras do Acordo Ortográfico da
Língua Portuguesa de 1990, que entrou em vigor no Brasil em 2009.
São de responsabilidade do autor as informações contidas nesta obra.

Dedico este livro a todos os fisioterapeutas que, diariamente, conseguem, com muita dedicação, elevar o nome da Fisioterapia no Brasil.

Prefácio

COM UM ESTILO irreverente e entusiasta, Rodrigo F. Peres narra sua própria história, que traz significativa contribuição para aqueles que desconhecem como a fisioterapia – ciência que está a serviço da sociedade –, por meio de seus cuidados, é facilitadora dos processos de recuperação e promoção da saúde, auxilia no tratamento e prevenção de agravos provenientes de doenças e é uma profissão dinâmica com bases teóricas e científicas sólidas, descritas na literatura acadêmica.

Em muitos capítulos, Rodrigo convida o leitor a emocionar-se com sua história ao narrar, na intimidade, suas dificuldades, resiliência, dedicação, coragem e conquistas, contando como um menino de origem humilde, nascido e criado em um bairro paulistano e apaixonado por sua família, torna-se um profissional renomado na área de fisioterapia domiciliar, sendo proprietário, na atualidade, de uma das empresas de maior destaque do país. De sua família, traz os ensinamentos de como a dedicação ao trabalho honesto e o cultivar das relações pessoais fraternas e caridosas são a chave para o sucesso.

Mesclando seu estilo emotivo, sincero e, por vezes, inocente de narrar fatos marcantes de sua vida pessoal, acadêmica e profissional, Rodrigo, de maneira peculiar, motiva seus pacientes, em grande parte com sequelas de etiologia neurológica, que necessitam dos cuidados da fisioterapia para vencer dificuldades, aparentemente intransponíveis, em seus processos de adoecimento e recuperação, rumo à funcionalidade independente, segura e produtiva, principal objetivo da fisioterapia.

Igualmente, traz esperança aos familiares de pacientes com quadros clínicos graves quando descreve casos clínicos verídicos de jovens que, submetidos à intervenção fisioterapêutica eficiente, sobrepujam prognósticos clínicos, gessados e pessimistas, surpreendendo suas próprias perspectivas de um futuro promissor. Conta também como um profissional como ele, de determinada expertise, no momento que um de seus familiares, sua querida avó, adoece por doença neurológica, deve ponderar e solicitar "ajuda" de outros colegas fisioterapeutas, por conscientizar-se de que, em razão de seu forte envolvimento emocional, sua ação mais "curativa" seria unicamente oferecer companhia e afeto. As questões éticas em saúde também são revisitadas e, nesse contexto, são discutidas problematizações quanto aos atendimentos de urgência e emergência oferecidos, em nosso país, às vítimas de acidente vascular cerebral, popularmente conhecido como "derrame".

Nesta obra, o autor conta sua trajetória acadêmica de maneira transparente, incluindo desde as suas dúvidas quanto a qual graduação e especialidade seguir até suas experiências únicas na prática clínica e nos cursos de pós-graduação que pôde concluir, alicerçadas nos ensinamentos de seus professores, em que tive o privilégio de colaborar, e nas orientações de seus colegas de outras áreas, familiares e sócios atuais. Dessa forma, o texto tornou-se literatura de incentivo e orientações, com base em seu exemplo, ao profissional fisioterapeuta que deseja alcançar uma dedicação de "corpo e alma" à sua nobre missão de vida.

É com alegria que convido os leitores a mergulharem nessa comovente história de vida; e é com muita emoção que, em poucas palavras, agradeço ao Rodrigo, meu ex-aluno de graduação, orientando tanto de trabalho como de monografia de conclusão de cursos, exemplo de colega de profissão, e principalmente grande amigo, a oportunidade de com ele compartilhar sua trajetória acadêmica e profissional e escrever este pequeno prefácio de sua obra.

Sissy Veloso Fontes
São Paulo, fevereiro de 2015.

Introdução | 17

Um pouco de minha história | 21

A faculdade de Fisioterapia | 31

O quarto ano de
faculdade, um desafio à parte | 39

Após a faculdade, o início de
uma vida dedicada à Fisioterapia | 53

Pacientes desafiadores,
amigos para toda a vida | 87

Fisioterapia e ética | 141

A Central da Fisioterapia
– ampliando horizontes | 153

Alguns conselhos para meus futuros
colegas de profissão | 165

Palavras finais | 181

Introdução

PRESTEI VESTIBULAR PARA cursar Fisioterapia, em 1997. Desde então, essa área cresceu muito. Acho que posso dizer que quase todos nós conhecemos alguém que já fez ou teve indicação para fazer Fisioterapia. Infelizmente, acredito também que a maioria de nós já ouviu algum conhecido dizer que o tratamento não resolveu seu problema e que é perda de tempo. Essa insatisfação com algo que pode trazer tanto benefício é uma das razões que me motivaram a escrever este livro.

Quando comecei a exercer minha profissão, pude ver e vivenciar experiências muito distintas na forma como os atendimentos e os pacientes eram vistos. Percebi, então, o quanto essa carreira que amo, que é o meu trabalho e o que sei fazer de melhor, vem sendo desvalorizada - não só pelos pacientes e sistemas de saúde, mas principalmente por aqueles que mais deveriam valorizá-la: os próprios fisioterapeutas.

Baixo piso salarial, atendimentos para planos de saúde por valores irrisórios, falta de estrutura e excesso de pacientes por turno nas clínicas para tentar "compensar" os valores pagos por atendimento. Tudo isso realmente desanima os profissionais da área, mas a solução para essa questão não está em atender mal e mecanicamente, empregando fórmulas prontas como se todos os casos fossem iguais. É essa postura que faz os pacientes, com pouca ou nenhuma resposta ao tratamento, acreditarem cada dia menos na importância de nossa profissão, por não verem os resultados incríveis que podem obter em melhorias físicas, psicológicas e em sua qualidade de vida.

Acredito, e vejo no meu dia a dia profissional, que o caminho a ser seguido é fazermos valer o juramento de nossas formaturas, sobre atender as pessoas da melhor forma possível, mesmo em ambientes nem sempre tão bem equipados, utilizando o conhecimento já adquirido e pesquisando sempre novas soluções. É ter amor pela nossa profissão, e não nos contentarmos com os baixos salários oferecidos, lutando sempre por melhores condições de trabalho. Acima de tudo, acredito que temos que mostrar às pessoas o quanto a fisioterapia pode melhorar suas vidas e de seus familiares. Só assim todos a reconhecerão como um trabalho especializado e merecedor de respeito.

É fácil observar a percepção de grande parte das pessoas de que a fisioterapia não é um trabalho especializado. Um exemplo é o fato de muitos acreditarem ser um erro chamar um fisioterapeuta de doutor. Pode parecer uma bobagem, afinal, é apenas um título, mas por que é tão natural chamarmos os médicos de doutores, mas não os fisioterapeutas? As pessoas reconhecem a especialização do serviço médico, quase todo mundo frequenta médicos desde o momento de seu nascimento e sente que precisa desses profissionais, mas quantas pessoas sentem-se assim em relação à fisioterapia? Será que em parte não vem daí essa prerrogativa de que não somos merecedores do título de doutor apesar de o Conselho Regional de Fisioterapia e Terapia Ocupacional (CREFITO) assim nos reconhecer? Acho que vale a reflexão.

Este livro conta um pouco da minha trajetória, da minha vida, desde que era um menino crescendo em uma família simples na Vila das Mercês, zona sul de São Paulo, até os dias de hoje, na luta pela valorização da profissão que escolhi. Além disso, há alguns casos de pacientes com os quais compartilhei a beleza da fisioterapia e que comprovam do que ela é capaz.

Acho que é meu papel como profissional evidenciar às pessoas interessadas, sejam profissionais da área da saúde, estudantes do curso de Fisioterapia, pacientes e seus familiares, que o caminho dessa profissão pode não ser fácil e ainda assim ser imensamente gratificante. A emoção de ver as pequenas e grandes conquistas de uma pessoa com o tratamento é indescritível, faz valer a pena todos os esforços e sacrifícios pelos quais passamos até chegar ali, naquela casa, clínica ou hospital.

É muito difícil descrever toda a beleza e a emoção de ver um paciente voltando a andar, mas é o que me proponho a fazer neste trabalho.

Espero mostrar um pouco do que um fisioterapeuta é capaz de realizar na recuperação das pessoas, o quanto é complexa essa carreira que tantos jovens escolhem – muitos sem nem saber ao certo o que é a profissão. E espero, mais que tudo, poder despertar no leitor a paixão pela Fisioterapia.

Um pouco de minha história

QUANDO COMECEI A planejar este livro – com foco na trajetória da minha vida na Fisioterapia – cheguei a conclusão de que seria importante falar um pouco do meu passado, dos caminhos que percorri até escolher essa carreira e como consegui me estabelecer em uma profissão com tantos profissionais e tão pequena oferta de boas oportunidades.

Quem me vê hoje pode pensar que foi fácil, mas muita coisa aconteceu antes que eu chegasse nesse momento de minha carreira, em que trabalho no que amo e consigo fazer o meu melhor. Por isso, acho que vale a pena contar um pouco de minha história, de onde vim, da vida que levei, dos desafios e das decisões que me trouxeram aqui.

Nasci em 1978, no Ipiranga, bairro da zona sul da cidade de São Paulo. Fui criado pelos meus pais na Vila das Mercês, subdistrito desse bairro. Um lugar simples, já próximo à favela de Heliópolis, e bastante tranquilo, ainda que sem muita infraestrutura, como tantos outros da cidade.

Embora minha família tenha origem humilde, meus pais nunca deixaram que faltasse nada para meus dois irmãos e para mim. Nossa vida não teve luxo, mas teve algumas facilidades, como quando moramos por algum tempo em uma casa que minha avó emprestou para os meus pais. Era uma casinha nos fundos, mas não pagávamos aluguel, o que já era de grande ajuda.

No bairro onde cresci, morava grande parte de minha família. Tive o privilégio de ter uma infância de verdade, brincando na rua com meus irmãos e primos de primeiro, segundo e terceiro graus. Uma infância normal, com brincadeiras comuns, desde empinar pipa e brincar de bolinha de gude até andar de bicicleta e *skate*. Isso sem falar do esconde-esconde, pega-pega, polícia e ladrão, taco...

Acho que por tudo isso, pela minha criação ali na Vila, sou tão ligado à minha família até hoje. Sinto-me mal quando, pela rotina corrida de compromissos profissionais, passo mais de 15 dias sem poder visitar minhas avós ou não posso estar mais próximo dos meus pais. Gosto de estar perto de minhas raízes. Acredito muito no valor da família e acho importante saber identificar as dinâmicas familiares em que vivem meus pacientes, podendo assim contribuir de uma maneira mais ampla e auxiliar na melhoria das relações que, muitas vezes, se tornam complexas, principalmente entre pessoas com doenças neurológicas e seus familiares. Há muitas situações nas quais quem antes estava acostumado a ser o provedor familiar torna-se dependente em muitos aspectos, o que pode inclusive gerar episódios depressivos no paciente, prejudicando sua recuperação. Penso que, por conta da estrutura de minha família e por ter crescido tão próximo de meus avós, tios, tias e primos, consigo ter a sensibilidade necessária para compreender essas relações, o que certamente me auxilia nesse trabalho.

Meus pais não cursaram a faculdade. Casaram-se ainda muito jovens e a prioridade, naquele momento da vida, novos e com filhos, era trabalhar para poder sustentar a família que estava crescendo.

Meu pai trabalhava como técnico de eletrodomésticos em uma empresa autorizada a realizar reparos e manutenção em máquinas de lavar, fogões, geladeiras, etc. Foi ele quem ensinou esse ofício para meu avô, pai de minha mãe, e vovô abriu então uma pequena oficina de reparos em eletrodomésticos ali mesmo, na Vila. Ficava na parte da frente de sua casa, uma portinha que dava para a rua.

Foi ali meu primeiro trabalho, quando eu tinha meus 14 ou 15 anos: balconista na oficina do meu avô. Lembro-me de atender clientes pelo telefone e chamar meu avô gritando por ele nos fundos da oficina. Teve até uma vez em que liguei para um fornecedor e falei com voz séria: "Aqui é da parte do senhor Valdemar" e o fornecedor estranhou, afinal a oficina de meu avô era bastante simples e, de repente, havia um funcionário ligando para ele.

Eu não recebia um salário nessa época, estava lá ajudando meu avô e isso era muito satisfatório para mim. Além disso, todos os dias almoçava na casa de minha avó, que ficava ao lado da oficina, e isso era o meu "pagamento". Gostava de trabalhar ali. Via as pessoas do bairro, todas conhecidas, passando pelo balcão.

Uma das vantagens dessa época é que se podia fazer tudo a pé. Minha casa, a casa de minhas duas avós, o colégio, a oficina de meu avô, a casa dos meus amigos... Tudo era muito próximo, na mesma vila em que eu morava. Era muito raro sairmos do bairro. Quando eu ia até a Vila Mariana ou a avenida Paulista, ainda que fossem locais próximos ao meu bairro, podia considerar um passeio, algo diferente. Não era como nos dias de hoje, em que tudo parece tão perto e tão comum.

Relembrando o tempo em que trabalhei com meu avô, curiosamente, o que eu não gostava mesmo de fazer era acompanhá-lo nas visitas às casas dos clientes para efetuar reparos. Não gostava de entrar na casa das pessoas! Fico pensando quando foi que isso mudou. Afinal, há anos ir à casa das pessoas é parte fundamental do meu trabalho como fisioterapeuta, o que realizo com o maior amor e naturalidade. "Mudam-se os tempos, mudam-se as vontades", já dizia Camões.

Com o passar dos anos, vovô foi ficando doente, enfraquecido. Eu era muito ingênuo nessa época, não entendia bem o que estava acontecendo. Lembro-me de ver sangue quando ele ia ao banheiro, mas não sabia ao certo o porquê daquilo, não compreendia que ele tinha um tumor. Minha única certeza era que ele não estava bem. Foi nesse momento que um dos meus tios assumiu a oficina e passei então a trabalhar com ele.

Mais ou menos nessa mesma época comecei a sentir fortes dores nos joelhos e minha mãe levou-me a um médico que ela conhecia. Ele examinou meus joelhos, explicou que eu havia crescido muito rapidamente e que precisaria fazer musculação para fortalecer as articulações e a musculatura. Cresci mesmo muito rápido. A sensação, na época, era a de que, da noite para o dia, tinha perdido meus tênis, o que me deixava bem aborrecido. Hoje em dia, esse mesmo médico tornou-se um amigo com quem tenho inclusive uma relação de trabalho muito próxima. Foi também ele quem me deu a primeira oportunidade na Fisioterapia, quando ainda era um estudante.

Trabalhando com meu tio, eu continuava não tendo um salário propriamente dito, mas, quando precisei fazer musculação, foi ele quem pagou para mim. Quando precisava de algo, por exemplo, um tênis, era ele quem comprava.

No início, fazia academia estritamente por causa da recomendação médica. Seguia as instruções do professor e ia embora. Não tinha o intuito de ficar forte ou musculoso. Estava ali apenas para fortalecer meus joelhos.

Já estava com 16 anos, era o auge das escolas técnicas, na época, referências de ensino e extremamente bem conceituadas. Fiz prova para a ETE José Rocha Mendes, na Vila Prudente, bairro localizado na zona leste de São Paulo. Estava na praia quando recebi a notícia de que tinha conseguido uma vaga no curso de Eletrotécnica. Acho que vale dizer que, apesar de todas as dificuldades que enfrentávamos financeiramente, tive o privilégio de poder aproveitar, desde os 10 anos de idade, um apartamento na Praia Grande, litoral de São Paulo, e um sítio muito bacana, com piscina e tudo, que um casal de tios possuía. Esse foi um dos poucos luxos de minha infância e juventude, e aproveitei muito esses lugares tão diferentes de minha realidade cotidiana, a casinha dos fundos e a simplicidade à qual estava acostumado.

Quando as férias acabaram e voltei para São Paulo, iniciei uma nova etapa de minha vida com algumas mudanças significativas. Saímos da casinha dos fundos de minha avó: meus pais alugaram um apartamento de 50 m², onde morávamos nós cinco, meus pais, meus irmãos e eu. Agora a escola era longe de casa, lá na Vila Prudente, uma hora de ônibus para ir e outra para voltar. Os colegas já não eram mais os mesmos de sempre, as matérias eram novas, a escola funcionava de outra forma.

Eu também estava mudado. Comecei a levar a musculação a sério, a treinar com maior frequência e intensidade, transformando a rotina de exercícios em um dos meus momentos favoritos. Tive a sorte de ter na ETE um excelente professor de Educação Física, que na época era também preparador físico de um time de futebol. Ele trabalhava conosco preparação física e atletismo. Tudo isso contribuiu para aumentar meu interesse no funcionamento do corpo humano e também na forma como meu corpo foi mudando, ganhando forma e resistência graças aos treinamentos diários e às partidas de futebol que continuava a jogar na Vila quase diariamente. Acredito que foi aqui que, mesmo sem ter essa consciência, nasceu a paixão pelas possibilidades do corpo humano, que me levaria, poucos anos mais tarde, a assinalar a Fisioterapia como opção no vestibular.

Estudava das 7 às 12 horas, pegava o ônibus para trabalhar com meu tio na oficina, ia à academia, jogava bola. Essa foi minha rotina durante os dois primeiros anos da ETE.

Foi então que mudei de trabalho e comecei a ajudar um casal de tios em sua loja na região da rua 25 de Março, em São Paulo (área conhecida por ser um grande centro de comércio popular da cidade). A loja ficava em um prédio e vendia para todo o Brasil. Eu trabalhava repondo os produtos nas prateleiras, separando os pedidos nas caixas que seriam despachadas, deslocando-as em um carrinho até os carros dos clientes nos estacionamentos espalhados pelas redondezas. Lembro-me de uma vez ter levado algumas caixas da rua 25 de Março até o Brás! Na época, eu achava bastante divertido fazer esses serviços. Estava no auge de minha forma física, era jovem e gostava de correr com o carrinho pelas ruas desviando das pessoas. Foi a primeira vez que tive um salário propriamente dito. Com bastante trabalho na loja, passei a chegar em casa por volta das 22 ou 23 horas da noite durante o período das festas de final de ano, quando as vendas aumentavam muito.

Chegando ao final do terceiro ano da ETE, eu poderia optar por sair do curso com o diploma do segundo grau (atual ensino médio) ou permanecer mais um ano para obter o certificado de técnico. Achei que seria interessante fazer o quarto ano para sair formado, mas tive que sair da loja de meu tio. Afinal, o curso passaria a ser à noite e eu teria que fazer um estágio obrigatório durante o dia.

Uma coisa que muitas vezes me perguntam é se sempre sonhei em ser fisioterapeuta. Por mais que a resposta não seja a esperada e idealizada pelas pessoas, acho importante dizer que não, que, na verdade, nunca foi meu sonho. Eu sonhava bem dentro das minhas possibilidades e não lembro de ter me imaginado como policial, jogador de futebol ou fisioterapeuta. Acho que não tive esse momento de idealizar uma profissão. O que recordo é de pensar em ser engenheiro, em um dado momento da vida, mas isso porque o único irmão de minha mãe que teve oportunidade de estudar fez engenharia, então pensava em "ser engenheiro como meu tio". E lá estava eu, fazendo Eletrotécnica, curso cuja grade curricular se assemelhava muito aos dois primeiros anos de uma faculdade de engenharia.

Durante o quarto ano da ETE, uma professora me disse que o sogro de outro professor era dono de uma empresa que fabricava resistências para máquinas extrusoras e injetoras e que estava precisando de um estagiário. Eu já tinha 19 anos de idade e achei que era uma boa oportunidade. Precisava de um estágio e a empresa era muito próxima à minha casa, na rodovia Anchieta. Fui até lá e encontrei o melhor aluno de minha sala, que também estava estagiando ali.

Fiquei nesse estágio durante 4 meses, de segunda a sexta. Saía de casa às 6h30 para ir à academia, entrava no trabalho às 8 horas, almoçava na casa de minha avó, que morava bem perto dali e já preparava um lanche para comer à tarde, e voltava para o estágio, onde ficava até as 17 horas. Voltava para a academia e depois ia para a ETE de carona no "fusquinha" de um amigo.

Graças a esse curso, acabei descobrindo uma grande facilidade em Matemática, Desenho Geométrico e Física, o que me ajudou a conseguir uma renda extra, pois comecei a dar aulas particulares dessas disciplinas para jovens que estavam se preparando para o vestibular. Não ganhava muito dinheiro, mas me ajudava.

Já no final do quarto ano da ETE e do estágio, lembro-me do meu chefe no estágio fazer uma proposta de efetivação para que eu ficasse ali na empresa. Nos últimos dias, ele vinha me afastando da produção e me levando com ele para visitar empresas, pois via um vendedor em mim. Não aceitei a proposta, embora fosse bastante vantajosa financeiramente naquele momento. Queria fazer faculdade, me dedicar. Não queria continuar trabalhando naquela área. Na mesma época, ainda fui chamado por outra empresa, indicado por um vizinho, mas também não aceitei a oportunidade. Teria de viajar o Brasil, o que era tentador, mas isso tornaria inviável o desejo de continuar estudando, de poder ingressar na faculdade.

Não sei quando, em meio a tudo isso, a vontade de ser engenheiro desapareceu e deu lugar à dúvida de que curso fazer na faculdade. Eu estava em plena forma física, treinando 2 vezes por dia, jogando futebol quando tinha tempo, e me pareceu lógica a ideia de prestar Educação Física. Eu adorava esportes e levava a prática de atividades físicas muito a sério. Tinha que escolher um curso de graduação e fui pouco a pouco analisando meus pensamentos. A decisão de fazer Fisioterapia foi fruto dessa fase de amadurecimento. Sabia que era um curso diferente, mas parecia mais completo, com melhores oportunidades de empregabilidade depois de formado. Além disso, naquele ano de 1997, a Fisioterapia estava sendo apontada como uma das profissões do futuro.

Inscrevi-me no vestibular da Universidade Bandeirante de São Paulo (UNIBAN) apenas por ser perto de minha casa e assinalei Fisioterapia como primeira opção e Educação Física como segunda. Acho que, na verdade, torcia para não passar na primeira opção e "ter" de cursar Educação Física... Ainda trazia comigo a vontade de seguir uma carreira na área esportiva. Eu não sabia, mas era fácil entrar no curso, assim como é fácil entrar em muitos por aí, e passei sem nenhuma dificuldade na primeira opção assinalada. Também não sabia, naquele momento, que o desafio não era passar no vestibular, e sim absorver o conhecimento e sair da universidade bem preparado para o mercado de trabalho.

A faculdade de Fisioterapia

DE REPENTE LÁ estava eu: certificado como técnico pela ETE e muito feliz por ter sido aprovado no vestibular. Mas como eu poderia fazer o curso se nem meus pais nem eu possuíamos o dinheiro para pagar as mensalidades?

Foi nesse momento que um dos meus tios disse: "Você quer fazer faculdade, certo? Mas sabe que não tem dinheiro nem para a mensalidade, nem para qualquer outra coisa. Não vai ter camiseta nova, nem tênis, vai ter que usar esses que você já tem, rasgados ou não. É o que você quer?". E eu respondi que sim. Não tinha muita consciência de tudo o que ele dizia, mas queria, sim, ir para a faculdade, estava decidido. Tinha a consciência de que fazer um curso de ensino superior possibilitaria ter uma vida melhor. Sabia que, por meio dos estudos, teria mais acesso à cultura e a melhores oportunidades de emprego. Teria a oportunidade de ajudar minha família e de construir uma família com menos dificuldades e sacrifícios do que os enfrentados por meus pais quando eu e meus irmãos nascemos. Vendo o quanto eu estava decidido, meu tio ofereceu-me um emprego em sua empresa e, em troca, pagaria minhas mensalidades do curso. Aceitei na hora e comecei a trabalhar para ele como representante comercial na área de produtos hospitalares. Não me lembro de ter relacionado o fato de trabalhar com produtos na área da saúde e cursar Fisioterapia. Acho que foi apenas mais um dos sinais que a vida me deu de que esse era de fato meu futuro.

Saía de casa cedinho, às vezes 5h30, 6 horas da manhã, para visitar hospitais e participar de licitações. Lembro-me de ele ter dito: "Seu pagamento será no boleto", e assim foi: eu entregava o boleto, ele fazia o cheque no valor exato e eu pagava. Se não fosse por ele, eu não teria tido a oportunidade de fazer faculdade naquele momento.

Eu não tinha privilégios por ser seu sobrinho, mas, na época das provas, quando eu terminava tudo o que precisava fazer, ele me deixava sair mais cedo para estudar ou fazer os trabalhos.

O primeiro ano de faculdade foi tranquilo, a não ser pelas primeiras provas, que causaram algum impacto, principalmente as de Anatomia, pois tudo ainda era muito novo: as bancadas, todos os nomes e os termos técnicos, mas logo me adaptei e passei a ter sempre boas notas. Era um aluno dedicado, embora aproveitasse as festas e a convivência com meus amigos e colegas.

Lembro-me bem de minha primeira aula de Psicologia na faculdade. A professora, em meio às demais explanações sobre o curso, solicitou que, na aula seguinte, os alunos trouxessem trajes de banho. Para mim não foi problema, tinha orgulho de meu corpo, era bastante tranquilo com relação a isso, mas, com raras exceções, a grande maioria dos alunos não levou e não vestiu o traje solicitado, com vergonha de expor seus corpos aos colegas. Foi nesse dia que nossa professora disse algo muito importante para nossas carreiras. Apesar de não recordar as palavras exatas, ainda posso sentir o impacto por elas provocado: "Como vocês, que têm vergonha de seus próprios corpos e dos de seus colegas, querem ser fisioterapeutas? Vocês terão que tocar o corpo dos pacientes, não podem ter esse tipo de pudor". Hoje, vejo que ela tinha razão. Os corpos dos pacientes, junto às nossas mãos e conhecimentos, são nossas ferramentas de trabalho e devemos respeitá-los e conhecê-los a fundo.

Quando estava no segundo ano de faculdade, a empresa em que eu trabalhava começou a enfrentar uma crise. Meu tio chamou-me para uma conversa difícil, mas necessária, e disse que era melhor eu começar a procurar outro emprego, pois ele não conseguiria continuar pagando minha faculdade. Ele pagou, ainda que com dificuldade, até o fim do segundo ano, para eu não ter que parar de estudar. Também foi ele quem me falou sobre o Fundo de Financiamento Estudantil (FIES) e me ajudou a dar entrada no pedido.

Comecei a procurar emprego, mas não sabia como, nem o que procurar, afinal, até esse dia, só tinha trabalhado para parentes, além do estágio supervisionado no 4º ano do colegial. O terceiro ano da faculdade chegou e eu continuei estudando, mesmo devendo algumas mensalidades. Procurava trabalho e esperava pelo resultado do FIES, pois sabia que, de alguma forma, as coisas se acertariam.

Foi nessa época que um amigo do curso – um grande amigo até hoje – disse que tinha conseguido um emprego na chapelaria de uma casa noturna em São Caetano e eu lhe pedi que perguntasse ao dono do lugar se não havia uma oportunidade de trabalho para mim. Ofereceram-me a possibilidade de fazer alguns trabalhos *freelance* como segurança do local e eu aceitei, é claro. Precisava muito de uma fonte de renda. Peguei o terno do meu irmão mais velho, que trabalhava em um banco, e comecei a trabalhar nas noites de sábado e nas matinês de domingo. Meus pais ficaram receosos no começo, acharam que poderia ser perigoso trabalhar como segurança, ainda mais durante a noite, mas expliquei para eles que a danceteria ficava dentro de um *shopping*, que era seguro. Ganhava cerca de R$ 25 por noite. Era pouco, mas ajudava a comprar alguns dos materiais necessários às aulas. Durante todo aquele período, não tive dinheiro para comprar nenhum dos livros necessários. Tive que utilizar livros emprestados de colegas ou, quando era possível, da biblioteca. Fiquei mais ou menos 1 ano e meio fazendo esses extras como segurança aos sábados e domingos, raras vezes às sextas-feiras.

Cheguei a viajar com a equipe de funcionários da danceteria para o Rio de Janeiro para trabalhar como segurança em algumas festas de formatura. Ganhava apenas R$ 10 a mais do que quando trabalhava na casa noturna em São Caetano, mas eu ia assim mesmo. Apesar de o trabalho ser corrido, era uma oportunidade de viajar e conhecer novos lugares. Fazia meu trabalho direitinho, era sério – tanto que o chefe de lá me convidou para ser segurança do *shopping*, mas não aceitei. Foi um extra que me ajudou muito, um serviço honesto, duro, mas eu não queria que esse trabalho se tornasse minha profissão, pois eu estava estudando para ser um fisioterapeuta.

Ainda no terceiro ano do curso, consegui o FIES. Foi fundamental para a continuação dos meus estudos, pois o financiamento pagava 70% da mensalidade e eu, 30% (ainda assim, era um valor alto para o que ganhava como segurança *freelancer*).

Próximo do final do primeiro semestre desse terceiro ano de faculdade, resolvi procurar um estágio em minha área e fui à clínica daquele médico que anos antes cuidou dos meus joelhos. Mesmo não tendo uma vaga aberta para estágio remunerado, ele me incentivou e disse que, se eu quisesse, poderia frequentar a clínica e acompanhar as fisioterapeutas para aprender. E eu queria mesmo aprender, então comecei a ir até lá diariamente das 7h30 às 13 horas.

Por sorte, a estagiária da clínica logo saiu e acabei ocupando sua vaga, recebendo uma pequena ajuda de custo, que utilizava para pagar a contrapartida do FIES nas mensalidades.

Foi interessante fazer esse estágio, pois era meu primeiro contato com a fisioterapia fora da sala de aula, a primeira oportunidade de estar próximo aos pacientes. Por ser uma clínica ortopédica, pude acompanhar os procedimentos utilizados, como ultrassom e neuroestimulação elétrica transcutânea (TENS). Vi também como é o funcionamento de muitas clínicas, principalmente dessa área, com o atendimento de vários pacientes simultaneamente e profissionais revezando-se no atendimento.

Fiquei ali por alguns meses até que resolvi sair para poder me preparar melhor para as provas do fim do semestre, e valeu a pena. Logo depois, vieram as férias de julho e deixei para buscar outro estágio quando voltassem às aulas. Nessa época, já estava pensando no trabalho de conclusão de curso (TCC), que teria que desenvolver no ano seguinte, e no professor que escolheria para orientador, mas ainda não sabia o tema. É um passo muito importante na vida universitária e me sentia ansioso e inseguro quanto a essas escolhas.

Em agosto, saí em busca de novos estágios. Peguei o guia do convênio médico que utilizava na época, vi onde havia atendimento fisioterapêutico e comecei a visitar esses lugares pedindo uma oportunidade. Quando cheguei à segunda ou terceira clínica, disse mais uma vez: "Sou estudante do terceiro ano de Fisioterapia e gostaria de saber se vocês têm vaga de estágio na área." E, para minha surpresa, disseram que sim. Animado com a resposta afirmativa, perguntei: "Há mais de uma vaga para estagiários?" e disseram novamente que sim. Levei um amigo para estagiar comigo. Essa é uma coisa que sempre fiz: indicar meus amigos para trabalhos quando há essa possibilidade. É uma postura que sempre adotei em minha vida: ajudar sempre que possível.

O que foi diferente nesse estágio é o fato de que eles atendiam pacientes ortopédicos e neurológicos. Eu já tinha tido contato com pacientes de lesões ortopédicas em meu primeiro estágio, mas ali tive meu primeiro contato com pacientes neurológicos. Eu sou alto, grande, e acho que, por isso, os pacientes acabavam confiando em mim e deixavam que eu os colocasse em pé, criando esse estímulo. Muitas vezes, levei casos que via nos estágios para as aulas de Neurologia da faculdade e aprendi muito por ter vivenciado essa prática simultaneamente às aulas.

Foi nesse ano que começou minha relação com a pessoa que hoje considero minha tutora, uma das responsáveis por eu ser o profissional que sou: minha professora de Neurologia na faculdade, Sissy Veloso Fontes. Apesar da pequena diferença de idade entre nós, ela já havia se tornado uma autoridade em Fisioterapia Neurológica, sendo também professora da Universidade Federal de São Paulo (UNIFESP) e pesquisadora da área. Tornei-me ainda mais participativo em suas aulas, auxiliando sempre que possível na demonstração das práticas, e isso foi fundamental ao meu aprendizado. Não tinha aspirações de seguir carreira em Fisioterapia Neurológica, mas a seriedade dessa professora, sua didática e seu conhecimento da área me estimulavam a me dedicar ainda mais às suas aulas. Tamanha era a relação de confiança criada que, quando minha avó teve uma paralisia facial, foi a ela que recorri pedindo que me instruísse e aconselhasse quanto ao que poderia ser feito.

Em um dado momento, ela perguntou-me se eu já havia definido o que faria em meu TCC e sugeriu que eu conversasse com o professor Marco Antonio Ferreira Alves sobre a possibilidade de desenvolver um trabalho sobre esporte adaptado, área que ele dominava. Gostei bastante dessa sugestão, pois poderia manter meu foco de interesse na área esportiva. Falei com ele, que sugeriu um trabalho que abordasse o basquete adaptado à cadeira de rodas. A professora Sissy tornou-se então minha orientadora e o professor Marco Antonio meu co-orientador, o que influenciou a posterior definição do tema específico de meu trabalho.

Estagiei na clínica até o final do ano, quando saí para me dedicar integralmente ao TCC e aos estágios obrigatórios supervisionados nessa etapa da faculdade.

O quarto ano de faculdade, um desafio à parte

Estágios supervisionados, um aprendizado para toda a vida

O ÚLTIMO ANO de faculdade foi bem diferente dos anteriores. Tive aulas apenas às segundas-feiras, nas disciplinas "Administração e Ética" e "Exames Complementares". Penso que, junto a essas disciplinas, seria de extrema importância a inclusão de noções básicas de marketing no currículo do curso, a fim de possibilitar aos futuros profissionais discernir a melhor forma de apresentar-se ao mercado de trabalho e como gerir a carreira em termos de especializações para melhorar sua empregabilidade.

Paralelamente a essas aulas, iniciou-se a jornada de estágios obrigatórios. A sala de aula foi dividida em vários grupos de trabalho e o meu começou na Clínica de Neurologia da universidade.

Poderia ter sido uma experiência bastante rica para mim, por ser a área de minha professora-orientadora do TCC e pelo contato que vinha tendo com pacientes neurológicos em meu último estágio. Infelizmente, essa oportunidade foi comprometida por não haver um bom relacionamento entre a supervisora responsável e o meu grupo, o que criou uma barreira no desenvolvimento de meu trabalho. A origem desses problemas de relacionamento segue sendo uma incógnita para mim, pois não a conhecia antes do início dos estágios e não houve nada em minha conduta que me desabonasse como aluno e futuro profissional. Havia poucos pacientes e eu realizava apenas um ou dois atendimentos por dia. A primeira paciente que atendi foi uma garotinha com sequelas neurológicas que fizeram com que ela ficasse com os pés voltados para dentro, por falta de tônus. Eu estava ansioso, era minha primeira paciente do estágio, e ela estava assustada e chorando muito. Ela me via pela primeira vez e iniciava um tratamento incômodo, ainda mais para uma criança pequena que não compreendia o que estava acontecendo ali. Tenho certeza de que em pouco tempo ela ficaria mais calma e, consequentemente, pararia de chorar, mas não me foi dada a oportunidade de seguir com os atendimentos. A supervisora declarou que, como a paciente estava chorando, eu não tinha aptidão para trabalhar com crianças e a designou para outro aluno. Foi um choque para mim, estava ali para aprender e não imaginava encontrar uma postura tão radical e intransigente em um estágio dentro da própria universidade.

Saí dali bastante decepcionado, mas nenhuma experiência deve ser descartada sem antes pensarmos nas lições que elas trouxeram. Lembro-me do primeiro dia de estágio, quando a supervisora nos alertou para o risco de derrubar pacientes e avisou-nos de que, caso isso acontecesse, seríamos reprovados imediatamente. Parece um aviso óbvio, mas acreditem, nem todos têm consciência do cuidado necessário durante o tratamento. Sempre esforcei-me para demonstrar aos pacientes que eles poderiam confiar em mim, que eu nunca os deixaria cair, e acho que senti a necessidade de demonstrar isso após ouvir esse alerta.

Não desanimei dos estágios. Ainda era o começo do ano e haveria muitas outras oportunidades de aprendizado pela frente.

Seguimos para a Clínica de Ortopedia, também da universidade. Esse estágio foi realizado com uma supervisão competente e havia bastante trabalho, mas o mais marcante foi o convívio com os colegas em um ambiente já próximo do que seria nosso mercado de trabalho. Lembro-me de que, antes de iniciar o estágio, os alunos das turmas anteriores falavam que uma das supervisoras era muito exigente e dura, mas, apesar de não ficar no grupo dela, tive a sorte de me identificar com sua forma de trabalho séria e ao mesmo tempo próxima dos alunos. As supervisoras costumavam realizar uma reunião com seus alunos para discutir os casos e isso, sem dúvida, trouxe muito conhecimento a todos nós. A união, as brincadeiras entre os membros do grupo, tudo isso enriqueceu essa experiência. Levávamos a sério nossos compromissos, mas também começamos a perceber que aquele era o último ano da faculdade e logo estaríamos por nossa conta. Meu sonho, nessa época, ainda era trabalhar na área ortopédica e dediquei-

-me muito ao estágio. Tinha facilidade na área e gostava do que realizava ali. Quando estava atendendo os pacientes, imaginava-me já trabalhando e sonhava com um futuro em fisioterapia ortopédica esportiva.

O estágio seguinte foi sem dúvida o mais marcante: a primeira experiência dentro de um hospital, nesse caso, municipal, e meu grupo foi encaminhado para a unidade semi-intensiva. Foi emocionante desde o princípio. Meu primeiro contato com pacientes muito graves. Ali, estavam vítimas de diversas patologias, acidentados, baleados, sem contar aqueles levados para lá por falta de leitos na unidade de terapia intensiva (UTI), uma realidade bastante difícil e um verdadeiro choque para nós, jovens estudantes.

Atendíamos a muitos pacientes, e evoluir nos prontuários tornara-se parte de nossa rotina, pois registrávamos sempre os métodos utilizados e as respostas apresentadas a esses estímulos.

Ainda nos primeiros dias de estágio, estava passando por um corredor quando uma médica e dois enfermeiros pediram minha ajuda na transferência para o leito de um paciente muito alto e obeso que havia passado por uma cirurgia cardíaca. Lembrei-me dos ensinamentos da universidade e aliei técnica à força nessa manobra, o que fez com que eu ganhasse alguns elogios dos outros profissionais ali presentes. Ainda recordo de que o paciente quase não falava. Estava cansado, apenas me olhou e agradeceu com a voz ainda fraca.

Mal sabia eu que nossa supervisora de estágio destinaria um paciente a cada um de nós e que, naquele momento, eu havia conhecido uma pessoa que me ensinaria muito nas próximas semanas.

A proposta era que cada um de nós acompanhasse diariamente um paciente específico até o término do nosso período ali, quando deveríamos apresentar nosso trabalho de conclusão de estágio, relatando o diagnóstico, o quadro clínico e os métodos utilizados no tratamento, bem como os resultados obtidos. Foi um grande e novo desafio para todos.

Meu paciente, aquele senhor que eu havia auxiliado dias antes, era um homem de 57 anos de idade vindo de uma cirurgia cardíaca. Iniciei meu trabalho analisando em detalhes seu prontuário e assustei-me com o que encontrei. Como a supervisora poderia ter destinado alguém com um quadro tão grave para mim? Era uma insegurança normal, mas sabia que, acima de qualquer medo, estava o meu dever de atendê-lo da melhor forma possível: ele precisava de mim.

O quadro clínico era bastante sério: enfisema pulmonar, diabete, obesidade, hipertensão arterial e um infarto, razão da cirurgia para colocação de ponte de safena. Eu não havia aprendido a fundo sobre isso na faculdade e não tinha experiência nesse tipo de atendimento. Busquei nos livros maior conhecimento para poder atender esse paciente com o cuidado que seu quadro exigia.

Começou uma jornada de trabalho intenso. Durante quase 7 semanas, após atender outros pacientes, dedicava um longo tempo a esse senhor, que fui conhecendo melhor. Acredito que minha espontaneidade deu a ele segurança para contar-me que era fumante e gostava de tomar uma "cervejinha" com bastante frequência – hábitos que certamente contribuíram para a fragilidade de seu estado de saúde.

O tempo foi passando e o paciente, evoluindo. Aos poucos, ele voltou a respirar bem e começou a ganhar força muscular. Não tenho palavras para descrever a emoção que senti quando ele deu seus primeiros passos sem apoio, pronto para voltar para casa! Isso ocorreu bem antes do final do meu período de estágio e não conseguia entender porque ele continuava ali, sem alta médica. Continuávamos as sessões de fisioterapia, ele ainda poderia melhorar, é claro, mas já estava bastante fortalecido e recuperado, levando-se em conta a gravidade de seu quadro inicial.

Tornamo-nos amigos e, certo dia, ele me chamou reservadamente e disse com um choro contido, meio envergonhado, mas com uma confiança que me tocou: "Rodrigo, já estou bem, mas não posso voltar para casa. Minha mulher não me quer lá." Fiquei abismado com a situação. Ele estava sofrendo e tentei ajudá-lo, mas não obtive sucesso. Meu tempo ali estava acabando e nada podia fazer para que ele pudesse voltar para casa. Estava abandonado naquele hospital.

Quando foi se aproximando o final do estágio, comecei a ficar um pouco ansioso com o trabalho teórico e sua apresentação para a supervisora e o restante do meu grupo, pois esse pequeno trabalho serviria como um teste para o TCC no final do ano. Dediquei-me muito a cada etapa do projeto. Descrevi cada uma das doenças apresentadas pelo paciente, relatei cada dia de sessão de fisioterapia, cada estímulo, cada resposta. A conclusão era a alta do paciente.

Éramos seis alunos e minha apresentação seria a última. Dos meus cinco colegas, cada paciente teve uma história, cada um fez seu trabalho de um jeito, cada um chegou a um resultado e consequentemente a uma conclusão diferente. O mais triste foi o caso de uma colega cujo paciente faleceu no meio do estágio. Era um paciente terminal, infelizmente já não havia muito a ser feito, exceto melhorar a forma como ele passaria seus últimos dias. Chegou a minha vez. Entreguei um trabalho teórico bastante completo e, em minha apresentação, compartilhei com meus colegas o processo vivido durante o estágio, que certamente foi um marco em minha vida acadêmica e profissional. Estava prestes a concluir minha apresentação quando fui interrompido pela professora, que, entusiasmada, disse: "O paciente do Rodrigo está super bem, é só olhar para ele que já sabemos qual a conclusão do trabalho realizado. Parabéns, sua nota é dez.". Foi um dos melhores dias de minha vida até aquele momento! Percebi o quanto meu trabalho desenvolvido com tanto empenho e carinho pelo paciente havia sido importante.

Senti que estava na profissão certa. Pela primeira vez, um paciente havia sido designado a mim. Um paciente grave, e eu, com minhas próprias mãos e conhecimento, pude ajudá-lo. Começava a ser um fisioterapeuta no sentido mais real e humano da palavra, e entendia que a frieza e o amor, esses dois tão contraditórios e importantes sentimentos, fariam parte de minha profissão a partir daquele momento.

Já se passaram muitos anos desde essa experiência, mas sempre que me lembro de como me despedi daquele senhor, meu paciente e amigo, com um forte abraço e os olhos cheios de lágrimas, sinto um aperto em meu peito. Fui embora e nunca mais tive notícias. Como gostaria de poder encontrá-lo e dizer: "Muito obrigado. Foi o senhor quem me ensinou o que é ser fisioterapeuta."

Saí dali tocado pela experiência e animado com a perspectiva de um novo desafio. Fui encaminhado, sempre com o mesmo grupo, a outro hospital, dessa vez, da rede estadual de saúde. Que decepção! Chegar tão cheio de planos e descobrir a situação de abandono em que o hospital estava foi muito difícil. Não havia materiais básicos para a realização dos atendimentos, nem mesmo luvas ou sondas.

Meu supervisor era uma pessoa muito crítica e consciente, e foi categórico ao determinar que, na falta dos materiais necessários, não deveríamos realizar nenhum procedimento. Cheguei a conseguir algumas caixas de luvas com meu tio, em sua distribuidora de materiais hospitalares, mas obviamente não foram suficientes para trabalharmos durante todo o estágio. Além do mais, havia muitos outros materiais em falta ou em condições inadequadas de higiene e conservação.

Na época, saí frustrado com o estágio, com a sensação de não ter aprendido quase nada durante aquele período. Hoje, com uma visão mais crítica, percebo que aquela experiência me ensinou, sim, algo muito valioso. Aprendi ali exatamente como não proceder um atendimento, em quais condições não é possível realizar um trabalho digno de nós, profissionais, e principalmente dos pacientes. Tive uma pequena, porém significativa, amostra dos problemas existentes na saúde pública com os quais temos muitas vezes que lidar.

Mais uma vez, partimos para um novo local, dessa vez um hospital mantido pela Fundação do ABC (organização social de saúde), onde atenderíamos na unidade de terapia intensiva (UTI). Havia bons recursos e estrutura e seria um estágio diferente: 3 horas em atendimento e 1 hora de aula todos os dias. Era uma unidade pequena e bastante movimentada, o que acabava restringindo nosso acesso aos pacientes e poucas vezes tivemos oportunidades de pôr em prática o que aprendemos nessa área tão importante. Senti muito a falta dessa etapa de aprendizado. Era a oportunidade que teria de praticar, antes de formado, em pacientes respiratórios e realizar procedimentos de aspiração, por exemplo. Além do mais, em uma UTI, há pacientes com diversas necessidades e certamente os atender seria uma experiência enriquecedora.

Finalmente, chegou a vez do último estágio supervisionado necessário à nossa formação. Uma clínica particular com atendimentos de hidroterapia (método desenvolvido dentro de uma piscina adaptada para essa finalidade). Era um lugar bem equipado, mas, infelizmente, não havia demanda de pacientes para a hidroterapia. Realizei atendimentos na clínica, na qual havia muitos casos neurológicos. Foi um bom estágio clínico, mas não cumpriu sua principal função, que era permitir a prática da hidroterapia com os pacientes.

Fazendo um balanço geral de todos esses estágios, acredito que nada foi em vão. Se, por um lado, deparei-me com pessoas cuja falta de profissionalismo era uma barreira ao aprendizado, ou com locais em que a falta de materiais e investimentos impedia a realização de um bom trabalho, por outro, tive o prazer de conhecer pessoas com grande senso de ética e dedicadas à profissão. Mais importante que qualquer decepção, tive a oportunidade de descobrir-me fisioterapeuta ao atender em meu terceiro estágio aquele paciente tão marcante em minha vida, um verdadeiro presente que recebi.

Um novo desafio: o trabalho de conclusão de curso

Meu trabalho de conclusão de curso (TCC) foi realizado simultaneamente aos estágios supervisionados.

Segui por um caminho diferente do usual, em que a pessoa define um tema fechado e aprofunda-se exclusivamente nele. No caso do meu TCC, havia definido apenas um assunto central: o basquetebol adaptado a atletas cadeirantes, mas ainda não sabia exatamente qual aspecto da fisioterapia teria ênfase nesse trabalho.

Foi um projeto bastante desafiador, exigia muito tempo de trabalhos de campo, conhecendo os atletas e suas realidades, pesquisando e lendo muito para inteirar-me das regras e particularidades do esporte adaptado. Tive a sorte de ter como meu co-orientador o professor Marco Antonio Ferreira Alves, especialista em esportes adaptados, o que garantiu meu acesso a muitos materiais para estudo e algumas indicações sobre diretrizes e locais para desenvolver minha pesquisa, além de abrir algumas portas.

Para realizar o estudo de campo, convivi com as equipes Fênix Basquete sobre Rodas, de São Bernardo do Campo, Magic Hands, que treinava no Centro Olímpico em São Paulo, e Águias da Cadeira de Rodas, também de São Paulo. Frequentei ainda a Divisão de Medicina de Reabilitação (DMR), no Hospital das Clínicas da Faculdade de Medicina da Universidade de São Paulo (HC-FMUSP) e o Clube dos Paraplégicos de São Paulo (CPSC), onde também pude acompanhar as equipes que lá treinavam.

Ao todo, entrevistei 51 atletas, traçando um perfil representativo dessas pessoas, o que foi enriquecedor não apenas para o meu trabalho, mas para a minha formação como ser humano. Conhecê-los, saber mais sobre a realidade em que vivem, as dificuldades que enfrentam e a capacidade de superação que desenvolvem para suprir a falta de estrutura e adaptação para cadeirantes foi muito marcante. Vi muitos deles chegando aos treinos em ônibus comuns, em razão da falta de transporte adaptado na cidade. Chegavam com um sorriso no rosto, animados com o treino que estava por vir. Uma verdadeira lição para nós que reclamamos muitas vezes por tão pouco. Com exceção dos atletas da equipe Magic Hands – a elite do basquete adaptado, com patrocínios de grandes grupos e empresas –, poucos tinham acesso a cadeiras próprias para a prática esportiva. Muitas vezes, utilizavam cadeiras comuns com pequenas modificações feitas para possibilitar os movimentos necessários ao esporte e alguns não tinham acesso nem mesmo a essas pequenas adaptações. Eles jogavam com o corpo e, principalmente, com o coração. Era como se ganhassem asas na quadra, tamanha sua habilidade e garra. É impossível conviver com pessoas tão incríveis, tão fortes e não sair dali mudado.

Ao longo desse processo de entrevistas e acompanhamento de treinos, acabei definindo o tema específico de meu trabalho: a incidência de lesões musculoesqueléticas em atletas de basquetebol de cadeiras de rodas que, em grande maioria, são portadores de lesões neurológicas. Meu diferencial foi esse: falar de uma lesão ortopédica em um paciente neurológico praticante de um esporte adaptado. Foi um projeto bastante completo e inovador.

Após finalizar o trabalho de pesquisa e a análise dos dados, surgiu a dúvida: "Como apresentarei esse trabalho de forma dinâmica e interessante para a banca?".

Não tinha medo de falar em público, mas lembro-me bem de que, apesar dos graduandos terem a opção de apresentar seus trabalhos nas salas de aula ou no auditório da universidade, os orientandos da professora Sissy, por exigência dela, eram obrigados a fazê-lo no auditório. Pensei que uma solução para tornar a apresentação mais clara e interessante seria a elaboração de gráficos a partir dos resultados obtidos nas entrevistas e pesquisas. Esse formato, junto a tudo o que passei durante a preparação do trabalho e que aprendi com atletas e treinadores, possibilitou que eu finalizasse o trabalho como ele merecia, com entrega, com a segurança de quem não fez apenas um TCC obrigatório, mas, sim, de alguém que viveu esse trabalho dia a dia e se apaixonou por ele.

Convidei muitas pessoas para a ocasião, o auditório estava lotado de colegas e amigos. Lembro-me da presença de Bruno, meu irmão mais novo, acompanhando aquele que foi, sem dúvida, um dos momentos mais felizes que vivi até hoje.

Ao final da apresentação estava ansioso pelas palavras da banca. Confiava em meu trabalho, mas era o auge da minha vida acadêmica, o momento que definiria se estava pronto para seguir em frente. Tive então o prazer de viver uma grande emoção: todos os professores que faziam parte da banca examinadora avaliaram positivamente meu trabalho. Pude ouvir de todos, sem exceção, elogios ao trabalho que desenvolvi! A professora Sissy disse a todos os presentes o quanto estava orgulhosa, e é impossível não me emocionar ao relembrar o momento em que ela anunciou minha nota: dez com louvor. Naquele momento, passou pela minha cabeça um filme de tudo o que vivera até ali. Minha infância, a luta para pagar as mensalidades, os primeiros atendimentos, aquele inesquecível primeiro paciente que me ensinou tanto e tudo o que vi e aprendi com esse trabalho final. Concluía, com sensação de dever cumprido, essa etapa de minha vida.

A cerimônia de colação de grau foi alguns dias depois. Estávamos todos de branco. Minha mãe, Ivani, estava ali, vendo o filho tornar-se fisioterapeuta depois de tanta luta. Meu irmão mais velho, Marcelo, presenteou-me com uma caneta muito bonita. Eu a usei com as mãos tremendo em um misto de alegria e emoção impossível de conter.

O que o reitor da faculdade disse naquele momento me marcou para sempre: "Por menos que vocês se sintam preparados, vocês são fisioterapeutas graduados, então, se virem alguém sentindo-se mal, caído, precisando de ajuda, socorram. Vocês têm mais condições do que a maioria das pessoas." Essa foi uma lição para minha vida, ajudar sempre.

Levei a sério o juramento que fizemos no dia 14 de dezembro de 2001 e esforço-me todos os dias por honrá-lo e cumpri-lo.

Após a faculdade, o início de uma vida dedicada à Fisioterapia

POUCO ANTES DE me formar, comecei a pensar o que faria a seguir. O caminho mais lógico seria procurar um emprego, mas pensei que talvez fosse melhor seguir estudando e especializar-me antes de entrar no mercado, porém precisava ganhar dinheiro, é claro.

Um amigo da faculdade e eu encontramos um curso bastante atrativo. Era uma pós-graduação *lato sensu* no Instituto de Ortopedia e Traumatologia (IOT) do HC-FMUSP em Fisiologia e Biomecânica da Atividade Motora. Além de ser oferecido por uma das universidades mais reconhecidas do país, esse curso era perfeito por conta do baixo investimento necessário. Uma das grandes dificuldades encontradas para cursar especialização, mestrado e doutorado é o alto custo dos cursos. O outro ponto é algo que senti na pele já nesse primeiro momento pós-formatura: é muito difícil conciliar uma especialização com a carreira profissional por causa do tempo demandado. Nós conversamos, pensamos na oportunidade que estávamos tendo e resolvemos estudar. Fizemos a prova de seleção juntos e fomos aprovados.

A decisão de seguir estudando não foi fácil. Ouvi críticas por não iniciar logo a busca por um emprego. Disseram que não era uma escolha sábia depois de ter ficado 4 anos na faculdade, que o certo era entrar logo no mercado de trabalho. Fiquei inseguro, confesso, mas acreditei que estava tomando a decisão correta.

Não poderia ter um emprego tradicional, com horários rígidos. A pós-graduação exigia que eu assistisse a aulas teóricas às sextas-feiras à noite e havia uma carga prática a ser cumprida de segunda a sexta-feira, muitas vezes no período da manhã ou da tarde.

A solução que encontrei foi seguir com alguns pequenos trabalhos que vinha fazendo na área artística desde o quarto ano da faculdade. Não me lembro bem como isso aconteceu. No começo, foram algumas aparições em programas de auditório, depois vieram alguns desfiles e quando percebi estava trabalhando em eventos. Não ganhava muito, mas, com cachês variando entre R\$ 50 e R\$ 100, conseguia ter dinheiro para o ônibus e para pagar algumas contas, além da pós-graduação. Hoje, esses trabalhos me ajudam nos momentos em que dou entrevistas ou participo de programas de TV, agora como fisioterapeuta. Cheguei a ter um assessor que auxiliava na busca de novos trabalhos e me ensinou muito sobre o funcionamento do meio artístico. Aproveitei bastante esse momento, pois, além do dinheiro dos cachês, conheci pessoas interessantes e me diverti com algumas situações vividas.

As aulas da pós-graduação eram muito boas e bastante voltadas a quem atuava ou gostaria de atuar na área ortopédica. Ainda acreditava que esse era o meu futuro, especialmente quando pensava em ortopedia esportiva, cuidando de atletas. Graças à grade curricular do curso, pude aprender mais a fundo sobre nutrição, área que eu quase não havia visto na faculdade e que considero um diferencial em minha formação. Outras áreas nas quais pude desenvolver-me bastante ali foram a fisiologia e a biomecânica dos movimentos. Muitos dos professores eram engenheiros, e me ajudaram a ver e a estudar os movimentos a partir de outro ponto de vista. Senti falta de ter mais práticas em pacientes. Estudávamos tantas coisas interessantes e não havia muitas oportunidades de aplicar e testar os conhecimentos adquiridos. Por outro lado, tive a chance de atender pacientes diferenciados, como atletas de alto nível e alguns esportistas amadores de golfe e tênis. Isso me permitiu vivenciar o tratamento de diversos tipos de lesões e visualizar como indivíduos fisicamente ativos reagiam aos estímulos aplicados.

Logo no começo do ano, tive uma surpresa em minha vida de recém-formado. Meu pai, conversando com uma colega de trabalho, comentou que eu era graduado em Fisioterapia e ela pediu para falar comigo. Sua avó tivera um acidente vascular cerebral (AVC), popularmente conhecido como derrame, e precisava de fisioterapia domiciliar.

Fiquei muito animado quando meu pai me contou e fui até a casa da paciente – que era bem perto da minha – fazer uma avaliação completa, vestido todo de branco e com um jaleco. Levei em minha maleta meu estetoscópio, o aparelho de pressão e meu primeiro martelo de testar reflexo. Já naquela época, eu achava importante trabalhar uniformizado e equipado (ainda que com equipamentos bastante básicos). Vejo, ainda hoje, que, em um mundo com mais informação e maior facilidade de acesso a diversos equipamentos, muitos profissionais não valorizam essa postura, o que contribui para que muitas pessoas não enxerguem o fisioterapeuta como um especialista da área da saúde.

Foi naquele momento que consegui meu primeiro paciente como fisioterapeuta já formado. Dona Maria[1], 73 anos de idade, apresentava graves sequelas motoras causadas por um AVC. Iniciava minha carreira: mãos e mente, Deus e eu.

Mal sabia eu que, coincidentemente, minha primeira paciente seria da área que viria a ser minha especialidade, a Neurologia, e uma vítima de AVC, doença que mais tratei e foi uma das grandes responsáveis pela construção do meu nome na Fisioterapia.

Não fui atender apenas com o que já sabia. Estudei bastante e utilizei métodos que tinha visto na faculdade,

---

1 Todos os nomes dos pacientes citados foram alterados para preservar suas verdadeiras identidades.

mas que não eram comuns nas clínicas, como posicionamento em pé, enfaixamento de tornozelos e criação de novos estímulos para obter bons resultados. Em todas as sessões, treinávamos a marcha com apoio nas paredes e depois com o auxílio de uma bengala. A gravidade das sequelas era um obstáculo aos passos, mas sua evolução o contornava a cada dia. Ela queria melhorar, dedicava-se muito, e eu queria ajudá-la na conquista desse sonho.

Ela recebeu um tratamento quase completo. É claro que ainda faltava muita coisa; como recém-formado, ofereci a ela o meu melhor. Vejo, que infelizmente, há clínicas e profissionais novos e antigos na área que dão aos pacientes apenas o tratamento básico, sem tentar inovar ou aplicar técnicas diferentes com o intuito de obter melhores resultados. É uma pena ver que essa é uma postura comum no mercado atual.

Devo grande parte do que usei ali às aulas da professora Sissy. Fiz o que eu tinha visto e aprendido a partir das demonstrações que ela fazia em aula e tive muito sucesso na aplicação dessas técnicas.

Acho que meu lado mais brincalhão ajudou bastante, pois criou uma empatia muito grande entre nós. Nunca chego a um atendimento com brincadeiras pensadas, mas aviso aos pacientes que tudo o que eu faço é um estímulo, sempre é parte do tratamento e visa a algum resultado.

Os atendimentos com a dona Maria, três vezes por semana, foram trazendo pequenas melhorias a cada sessão.

Qualquer movimento recuperado era uma vitória, um passo a mais para alcançar o sonho, antes tão distante, de voltar a ser independente. A maior dessas vitórias ocorreu em poucos meses e foi meu primeiro momento de grande emoção como profissional da Fisioterapia: ela, antes tão debilitada, a ponto de nem sair de sua cama, ficou em pé e deu os primeiros passos sozinha! Fui parte daquele processo, ajudei-a a recuperar sua autonomia! Lembro-me de que ousei no tratamento de equilíbrio e coordenação para que ela chegasse àquele resultado: criava um espaço de segurança com meus braços e falava para ela ficar em pé, que podia até perder o equilíbrio no começo, mas que eu não a deixaria cair, pois eu estava ali para dar coragem e amparar seu corpo caso precisasse.

E ela andou. Com um pouco de dificuldade, ainda puxava levemente a perna antes imóvel, mas andou. Foi um momento muito intenso, causando lágrimas na paciente, em mim e nos familiares, que passaram por tantos momentos difíceis e de grande ansiedade, já que, no início do tratamento, parecia impossível chegar a um resultado tão bom pela gravidade do AVC. Acreditei em meu trabalho e principalmente na fisioterapia e consegui realizar meu papel, melhorando a vida de alguém que se tornara tão importante para mim.

O ano de 2002 foi um ano tranquilo como recém-graduado. Fiz minha pós-graduação, atendi minha primeira paciente e consegui um resultado muito satisfatório com ela. Paralelamente, continuei com meus trabalhos como modelo e foi por meio deles que começou uma grande paixão que dura até hoje e se fortalece a cada ano: desfilar no Carnaval de São Paulo. Também nesse ano, mudei pela primeira vez de bairro: fomos para um apartamento no bairro da Saúde, bastante próximo, mas com outras características, outra mentalidade.

Chegado o ano de 2003, terminei minha pós-graduação e comecei a procurar um emprego. O primeiro passo foi fazer meu currículo e a princípio pensei: "Não tenho experiência nenhuma, o que vou escrever aqui? Nunca trabalhei na área!". No entanto, quando repassei meus últimos anos com calma, vi que estava enganado. Apesar de estar no começo da carreira, podia, sim, fazer algo bem elaborado e eu tinha experiências importantes para escrever nele: meus estágios, minha pós-graduação e minha primeira paciente, dona Maria. Fiz 50 cópias, coloquei em envelopes, me arrumei, com o cuidado e a atenção que o momento merecia, e saí de ônibus entregando meu currículo principalmente em hospitais, mas também em algumas clínicas.

Fui, como dizem, com "a cara e a coragem" batendo de porta em porta. Pedia para falar com o departamento de Recursos Humanos e, muitas vezes, eram as recepcionistas que ficavam com meus currículos. Acredito que muitos nunca passaram do balcão de atendimento, mas apesar disso deu certo. Em 2 meses, fui chamado em três lugares, o que acredito ser um bom resultado para alguém recém-formado.

A primeira oportunidade foi em uma cooperativa de atendimento domiciliar a pacientes terminais. A fisioterapeuta responsável entrou em contato comigo e disse que precisava de um homem para completar sua equipe.

Para algumas pessoas, pode parecer estranha a necessidade de ter homens e mulheres em uma equipe de atendimento, mas há várias razões para isso e acho importante citar algumas aqui. Alguns pacientes preferem escolher quem vai atendê-los baseados nessa informação. Isso é bastante comum no caso de senhoras idosas, que muitas vezes se sentem constrangidas quando são atendidas por homens. Também pode ocorrer em tratamentos específicos, como a fisioterapia urológica. Há casos em que temos pacientes obesos ou muito grandes e, conforme o tratamento necessário, pode ser preciso colocar o paciente em pé e ampará-lo, exigindo, além da técnica, uma força maior. Já no caso de pacientes ainda bebês, muitas vezes a preferência é por profissionais do sexo feminino, e assim por diante. Há infinitas razões, na maioria das vezes explicadas apenas por uma empatia do paciente.

É claro que a capacidade e o profissionalismo dos fisioterapeutas independem do fato de serem homens ou mulheres, mas temos sempre que considerar o que é melhor para o paciente em termos de tratamento e confiança no profissional que irá atendê-lo.

Fui até a instituição e conheci pessoalmente a coordenadora do setor, uma fisioterapeuta bastante jovem e dinâmica. Ela explicou que os atendimentos costumavam ser tranquilos, com o principal objetivo de melhorar a qualidade de vida dos pacientes, todos terminais. Também disse que pagavam por atendimento e, mesmo sendo um valor baixo, aceitei. Era minha primeira oportunidade de emprego em uma instituição e levei em conta o fato de ela ter dito que provavelmente haveria a indicação de pacientes particulares de seu marido, um neurologista de um grande e reconhecido hospital da cidade de São Paulo.

Meu primeiro atendimento pela cooperativa foi logo no dia seguinte ao da entrevista. Fui até a casa do paciente por 3 dias e, quando me preparava para a quarta vez, recebi um telefonema informando que já não precisava voltar, ele havia falecido. Tinha sido avisado de que seria assim, que eram pacientes com grande chance de óbito em pouco tempo, mas não é uma rotina fácil. Sabia que não deveria me apegar, mas sempre me envolvo com as pessoas que cuido, ainda mais estando em seu ambiente familiar.

E assim foi meu primeiro emprego como fisioterapeuta: não era registrado, mas me rendia algum dinheiro e certamente me trouxe novas experiências. Atendia alguns pacientes por dias, outros por semanas e, raramente, por meses, em razão da gravidade do estado em que se encontravam.

Fiquei muito amigo de algumas famílias, em razão do momento delicado em que foram feitos os atendimentos e do carinho que tinha com os pacientes.

Houve uma paciente muito marcante, uma senhora romena, de aproximadamente 70 anos de idade, que atendi todos os dias durante 1 hora, de domingo a domingo, por 3 meses.

Ela estava acamada, mas eu fazia questão de colocá-la sentada, e passávamos as tardes trabalhando. Tenho certeza de que fiz diferença na vida dela durante aquele período. Sei que melhorei sua qualidade de vida. Não ia até lá e só alongava seus braços e pernas como infelizmente se costuma fazer hoje. Eu a tirava da cama, a exercitava, conversávamos... Ela era muito lúcida, só estava debilitada fisicamente.

Quando ligaram para avisar que eu não precisava mais atendê-la por causa de seu falecimento, foi muito duro. Nunca tinha ficado tanto tempo com um paciente, em um convívio diário. Quando desliguei o telefone, ainda não tinha conseguido assimilar a notícia e me permiti chorar. Nós brincávamos bastante durante os atendimentos, ela repetia em romeno as frases que eu falava nos exercícios e me contava sobre sua vida e como se sentia nessa reta final. Era uma pessoa especial e passamos um tempo bom juntos. Foi minha primeira grande perda.

Começaram então a surgir as indicações daquele neurologista, marido da coordenadora de fisioterapia da cooperativa. Eram pacientes neurológicos e, assim como aconteceu com minha primeira paciente, sem pretensões, meu caminho foi se voltando para essa área. Esses atendimentos eram particulares e conseguia ganhar um pouco mais com eles. Nessa época, passava quase o dia todo na rua, indo de um paciente para outro de ônibus. Nunca tive preguiça de trabalhar, nem me importava com a distância entre os atendimentos. Acredito que temos que ser assim: encarar os desafios e nos esforçar para vencê-los. É a fórmula mais certa do sucesso.

Tenho um bom relacionamento de trabalho até hoje com esse médico e sua esposa. Criamos um vínculo baseado na confiança que um tem pelo trabalho do outro e foi por indicação dele que conheci muitos dos meus pacientes.

Entre o final de abril e o início de maio, fiquei sabendo de uma vaga de trabalho em uma instituição filantrópica especializada no tratamento de pacientes com paralisia cerebral e fui até lá me candidatar ao trabalho, mas, infelizmente, a vaga já havia sido preenchida. Mesmo assim, deixei meu currículo e, duas semanas depois, recebi uma ligação me chamando para conhecer melhor o lugar. Vi, nesse convite, uma possibilidade de trabalho e fui. Lá, havia mais um fisioterapeuta, e fomos guiados pela instituição para ver melhor o trabalho ali desenvolvido.

Foi meu primeiro contato com crianças com paralisia cerebral. Fiquei impressionado com as sequelas e malformações que vi, mas, mesmo sendo difícil, mantive o profissionalismo naquela situação.

Quando terminamos a visita, o funcionário que estava nos guiando disse que aquele era um processo seletivo, que estávamos disputando uma vaga em aberto. Eu já imaginava, afinal, por qual outra razão me convidariam para conhecer o local logo após eu ter entregado meu currículo?

A seguir, passamos por entrevistas individuais com a coordenadora. Lembro-me até de sua sala. Foi minha primeira seleção e aquela era uma instituição reconhecida e especializada.

Ela conversou comigo e analisou meu currículo. Lá havia um setor de hidroterapia e soube depois que meu estágio foi considerado um diferencial. Terminada a entrevista, ela agradeceu e disse que, caso eu fosse selecionado, o departamento de Recursos Humanos entraria em contato.

Fui embora tranquilo, mas torcendo para dar certo. Conseguir aquele emprego seria uma grande experiência e acrescentaria bastante ao meu currículo. Pouco tempo depois, estava indo a um de meus trabalhos artísticos quando meu celular tocou: era um funcionário da instituição me parabenizando por ter conseguido a vaga e solicitando que eu assinasse os papéis de admissão. Como fiquei feliz! Liguei para minha mãe para dividir com ela essa conquista e ela ficou radiante. As conquistas profissionais dos meus irmãos e as minhas sempre foram motivo de grande alegria para meus pais, afinal, eles sabiam que estávamos nos encaminhando para uma vida melhor.

Levei os documentos necessários, fiz todo o trâmite requerido e estava pronto para trabalhar. Foi o primeiro emprego com registro em carteira de trabalho da minha vida.

Trabalhar ali permitiu que eu aprendesse muito sobre fisioterapia em Neuropediatria, já que atendia principalmente bebês de 0 a 12 meses de vida. Acompanhei o crescimento de alguns pacientes por anos, desde que iniciaram o tratamento. Tornou-se parte do meu dia a dia tratar problemas respiratórios, ortopédicos (é frequente tanto a falta de tônus para alguns pacientes como a hipertonia em outros) e diversas sequelas relacionadas à paralisia cerebral, incluindo deformidades bastante graves em alguns casos.

Essa experiência foi enriquecedora também por atender em diversas áreas. Atuei no ambulatório (quando tive, pela primeira vez, um consultório para realizar os atendimentos), na hidroterapia (meu primeiro contato real com essa prática), na enfermaria e no hospital-dia: os pacientes chegavam pela manhã e iam embora somente ao anoitecer.

A estrutura física era excelente, com instalações e equipamentos modernos, mas infelizmente não se pode dizer que havia um cuidado tão rigoroso em todos os atendimentos. Percebi, ao longo do tempo, que nem sempre existia um grande empenho por parte de alguns profissionais, que acabavam por atuar de forma mecânica, talvez por não se sentirem valorizados. Havia também muitos casos de pacientes que não faziam contato, alguns se comunicavam somente com os olhos, e percebi que, muitas vezes, por não conseguirem criar vínculos, por não terem como interagir, alguns funcionários ignoravam que eles eram bebês e acabavam realizando procedimentos de forma automática. Era doloroso conviver com essa realidade e me sentia de mãos atadas para modificar esses comportamentos. O surgimento dessa consciência da postura assumida por alguns profissionais e pela instituição fez com que surgisse em mim um crescente descontentamento com o local, mas sabia que o melhor a fazer era desenvolver um bom trabalho, o meu melhor, e assim tentar acrescentar algum sentido àquela experiência.

Eu ousava, criava formas de estimular os pacientes, por mais difíceis que fossem as condições deles. Para nós, chegavam pacientes desacreditados por outras instituições: os pais, mesmo desanimados, sempre esperavam que existisse uma nova alternativa, alguém que pudesse fazer algo por seus filhos.

Tive muitos pacientes marcantes por suas histórias de superação e pelos vínculos criados, mas vou falar um pouquinho de um que foi particularmente inesquecível por suas condições iniciais e pelo resultado obtido. Pablo fazia sessões duas vezes por semana, o que era raro. Infelizmente, apenas pessoas com boas condições financeiras tinham acesso a essa frequência de tratamento. Ele tinha uma forma de tetraplegia (tetraparesia) e era extremamente hipertônico. Era preciso fazer muita força para movimentá-lo e estimular seus movimentos, o que muitas vezes podia se tornar doloroso. Ele entendia o que eu dizia, mas não falava, apenas sorria de volta para mim. Passei a colocá-lo em uma bicicleta e a incentivá-lo a pedalar, mesmo com sua dificuldade de postura e movimento. Eu o levava ao corredor e o incentivava a tentar executar os movimentos necessários para mover a bicicletinha. Era um corredor bastante grande e quase todos os dias ficávamos ali por algum tempo tentando obter algum resultado, até que, quando eu menos esperava, ele começou a pedalar. Em linha reta, de forma meio desajeitada, mas não queria mais parar. Ele fazia força e seguia sempre em frente, era incrível ver aquilo acontecendo. Seus pais não acreditaram quando viram o filho fazendo uma atividade tão comum a tantas crianças, mas que para ele parecia impossível. Não sei expressar em palavras o quanto fiquei realizado ao ver seu progresso!

Gostava muito das crianças, cheguei a vestir-me de Papai Noel na festa de final de ano – comprei maquiagens, aluguei uma roupa e aproveitei cada sorriso que ganhei. Também participei de peças de teatro que criava com outros funcionários para animar os pacientes. Foram momentos que me ensinaram muito sobre a necessidade de humanizar os tratamentos.

Trabalhei ali de segunda a sexta-feira, das 8 às 13 horas, e aos sábados a cada 15 dias, durante 2 anos e 5 meses. Além disso, continuava atendendo pacientes de fisioterapia domiciliar no período da tarde e aos finais de semana. Trabalhava sem parar, a fim de poder melhorar meus rendimentos e adquirir mais experiência.

Em 2004, há mais de um ano ali, estava ganhando razoavelmente bem e consegui quitar algumas contas que ainda estavam pendentes: a pós-graduação, o restante do FIES, a formatura da faculdade e algumas outras dívidas que estavam acumuladas. Tinha o fixo da instituição e o que ganhava com pacientes particulares e quase não tinha gastos além de transporte e da alimentação. Foi assim que consegui juntar algum dinheiro, organizar minhas finanças e, com um pequeno empréstimo da minha avó (que logo consegui pagar), pude dar a entrada na compra do meu primeiro carro. Fui com meu irmão a um feirão de automóveis e comprei um Palio novinho. Foi uma vitória comprar um carro zero com o dinheiro que ganhei exercendo a Fisioterapia!

Meu pai teve um carro próprio pela última vez quando meu irmão mais velho nasceu. Após isso, era sempre o carro "adesivado" da empresa. Lembro-me de que, quando ele apareceu com um carro sem adesivo, foi uma festa! Parecia que era um carro de nosso pai. Foi meu irmão mais velho quem teve um carro próprio primeiro e agora eu também tinha o meu. E isso me ajudou muito a realizar os atendimentos particulares! Antes, fazia tudo de ônibus, circulava por grande parte da cidade para conseguir atender aos meus pacientes: Morumbi, Vila Mariana, Tatuapé, Perdizes... Ia a qualquer lugar, mas, com o carro, consegui reduzir o tempo perdido nesses deslocamentos.

Logo que comprei o carro, houve uma queda no número de pacientes e fiquei um pouco preocupado, pois havia assumido uma dívida. Mesmo com um médico me indicando, nem sempre, após dar alta a um dos meus pacientes, essa reposição era imediata. Uma frase que sempre usei no começo dos atendimentos tem um tom de brincadeira, mas é a mais pura verdade: "O sucesso do meu trabalho significa minha demissão". Afinal, quando dou alta para o paciente, significa que meu trabalho não é mais necessário, que foi feito corretamente e atingiu um bom resultado. Apesar disso, consegui manter as parcelas de meu carro em dia, era minha prioridade naquele momento, e me esforcei muito para poder honrar meu compromisso.

Ainda em 2004, houve uma experiência muito importante em minha vida profissional. Fui convidado pela professora Sissy para ser professor-assistente voluntário em suas aulas na Universidade Metodista de São Paulo, localizada no município de São Bernardo do Campo. Ela era chefe da cadeira de Neurologia nessa época e aceitei o convite. As aulas teóricas eram às terças-feiras e as práticas, às quintas-feiras no período da tarde. Eu saía da instituição em que trabalhava e ia direto para lá. Nas aulas teóricas, não participava tanto quanto nas práticas. Ganhei bastante experiência em meus atendimentos com pacientes de paralisia cerebral e também com os diversos particulares que atendia e tinha muitos casos e informações para compartilhar com os alunos. Fiquei um ano auxiliando nas aulas e posso dizer que foi como fazer mais um curso de Neurologia. Ensinei, mas também aprendi muito. Em meio a essas aulas, a professora Sissy me deu a oportunidade de iniciar um período probatório para um mestrado com sua orientação na Escola Paulista de Medicina da Universidade Federal de São Paulo (EPM-Unifesp). Passei a frequentar as aulas e a desenvolver meu trabalho todas as segundas-feiras à tarde, até que, no início de 2005, houve um grande aumento no número de pacientes particulares e, para conseguir atender a demanda, tive que abrir mão desse mestrado. Foi uma decisão difícil, pensada e analisada muitas vezes, mas expliquei que precisava atender esses novos pacientes. Precisava do dinheiro, estava pagando o carro e tinha outras contas a pagar.

Com o passar do tempo, tornou-se mais evidente a divergência entre o tratamento oferecido como padrão pela instituição filantrópica em que trabalhava e o que eu considerava adequado e ideal para a recuperação dos pacientes. Havia, de minha parte, uma grande insatisfação com a forma como eram conduzidos muitos dos atendimentos ali realizados, mas ainda batalhava por oferecer o melhor tratamento possível dentro dos horários e das normas previamente estabelecidas. Na metade de 2005, já com um desgaste visível das relações laborais existentes, fui dispensado e encerrei assim meu ciclo ali. Não foi fácil. Por mais que muitas vezes eu tenha pensado em pedir demissão, via-me um pouco dependente da estabilidade oferecida pelo emprego fixo, ainda mais por ter assumido uma dívida grande ao comprar um carro, mas o que realmente me aborreceu foi a forma como tudo ocorreu: não me deram a oportunidade de me despedir dos meus pacientes. Alguns estavam comigo desde o princípio de meu trabalho ali. Afastar-me assim foi um golpe duro, mas não tive opção além de seguir em frente.

Por sorte, tinha um evento marcado para a semana seguinte, uma feira hospitalar, que me rendeu, em 4 dias, o equivalente a quase um mês do salário, então, financeiramente, pude me equilibrar. É claro que a intenção anterior era ter esse dinheiro como uma renda extra, inclusive para me dar segurança caso eu desse alta a algum paciente particular, mas só o fato de cobrir minhas despesas fixas já foi de grande ajuda.

Já não atendia pela cooperativa. Meus pacientes eram todos particulares e chegavam principalmente por indicação do neurologista com quem já trabalhava há algum tempo. Vieram casos de doença de Parkinson, AVC, doença de Alzheimer e paralisias, além de várias outras lesões neurológicas, e fui me apaixonando a cada dia ainda mais pela área e sua possibilidade de operar mudanças e melhorias na vida das pessoas. Com a minha saída do emprego que ocupava o período da manhã, passei a ter esse horário disponível para atender mais pacientes.

Fiquei por um ano realizando apenas atendimentos particulares. Com exceção de um período um pouco mais crítico, em geral, havia grande demanda pelo serviço e meu nome começava a ser associado à fisioterapia domiciliar, principalmente neurológica.

Claro que nem sempre as coisas são fáceis. Como disse, houve um período mais complicado em que caiu muito o número de pacientes particulares que eu atendia e, nesse momento, recebi uma proposta para mudar de área, iniciar uma nova carreira na área de eventos. A dona de uma agência, para a qual eu fazia intervenções artísticas e personagens, viu em mim um vendedor. Ela notou que eu tinha aptidão para a área e me convidou para vender grandes eventos corporativos, como seu representante. A carteira de clientes da empresa contava com nomes bastante fortes e isso poderia se tornar um trabalho muito rentável. Comecei a frequentar o escritório à tarde, mas não consegui me identificar com o trabalho. Fazer intervenções em eventos era prazeroso nesse tempo, tornou-se quase um *hobby*, mas a área administrativa e comercial não era agradável para mim. Para tentar me convencer a ficar, ela chegou a menosprezar um pouco a Fisioterapia e aquilo foi um alerta de que eu realmente não poderia aceitar sua oferta. Defendi minha carreira e desisti da ideia de aceitar esse trabalho. Depois disso, pouco fui chamado por essa agência para realizar os trabalhos que antes fazia com frequência.

Confesso que em alguns breves momentos cogitei, sim, deixar a Fisioterapia. A situação estava difícil e era uma oportunidade bastante atraente, ainda mais por ser uma área em que eu já possuía algum conhecimento, mas a paixão pela Fisioterapia, por tudo o que havia aprendido e construído até ali não permitiu que eu abandonasse esse sonho.

Iniciei o ano de 2006 trabalhando apenas com atendimentos particulares e, nesse momento, minha ex-professora Sissy me convidou para fazer minha segunda pós-graduação. Era um curso *lato sensu* na EPM-Unifesp, cujo tema era "Intervenção Fisioterapêutica em Doenças Neuromusculares". O curso durou o ano todo e aprofundou meus conhecimentos de uma área da fisioterapia neurológica: doenças neurológicas degenerativas e progressivas. Foi um bom curso, em uma das instituições de saúde mais renomadas da América Latina, e aproveitei muito a oportunidade de estudar lá.

Em agosto do mesmo ano, recebi o telefonema de um amigo com quem não tinha contato há alguns anos. Nosso relacionamento nunca havia sido profissional, tivemos conhecidos em comum e assim acabamos ficando amigos. Ele ganhara uma concorrência para gerir o Departamento de Ortopedia de uma empresa multinacional em Guarulhos e precisava de um fisioterapeuta para completar a equipe (já havia outro profissional contratado). O turno de trabalho disponível era o da tarde, então poderia atender no máximo três pacientes particulares pela manhã. Mesmo assim aceitei, pois seria registrado e teria benefícios, como férias e 13º salário.

Começaria a atender na primeira segunda-feira de setembro, então tive tranquilidade para entregar toda a documentação para a minha contratação. Na quinta-feira da semana anterior ao meu início, meu amigo ligou novamente, um pouco apreensivo dessa vez, explicando que o outro fisioterapeuta havia desistido e pedindo que eu ficasse durante todo o dia pelo menos na primeira semana até que ele encontrasse um substituto. Seria complicado ficar uma semana inteira sem poder atender nenhum de meus pacientes particulares e disse a ele que, em vez disso, poderia indicar um amigo para a vaga. A solução apresentada agradou-o e me pediu que consultasse meu amigo com urgência, pois, caso ele aceitasse, teria que levar a documentação e assinar o contrato já no dia seguinte, para começar na segunda-feira. Aproveitei essa oportunidade e disse a ele que gostaria de ficar com o turno da manhã e ele concordou em alterar meu contrato. Ter a tarde livre me possibilitava um número bem maior de atendimentos particulares, pois não fragmentava o dia.

Liguei para meu amigo que se animou de imediato com a possibilidade de um emprego fixo e registrado e aceitou a vaga para o período da tarde.

Começou aí uma nova jornada de trabalho, totalmente diferente do que eu vivera até esse momento. Eram atendimentos na área da Ortopedia, mais especificamente em medicina do trabalho. Esse foi meu primeiro emprego em Ortopedia depois de formado. Já tinha desistido da área, pois os caminhos foram naturalmente me levando para a neurologia, mas foi uma oportunidade importante para mim.

Era uma fábrica muito grande e bem estruturada que produzia peças para o setor automotivo. Os empregados dispunham de muitos benefícios e podiam, inclusive, contar com um departamento de saúde bastante completo, com profissionais de diversas áreas, como Cardiologia, Ginecologia e Ortopedia (onde trabalhávamos). A maior parte dos funcionários que buscavam atendimento sofria de patologias decorrentes do trabalho, como lesão por esforço repetitivo (LER). Trabalhava das 7h30 às 12 horas, e a rotina era muito tranquila. Gastava bastante com gasolina, mas busquei pacientes particulares na Zona Norte da cidade para poder atender no caminho de retorno para casa, ganhando tempo para mais atendimentos e fazendo com que esse trajeto não fosse desperdiçado. Circular pela cidade, ainda que cansativo, sempre foi uma boa experiência. Conheci tantos lugares e pessoas nessa vida de atendimentos! Há pacientes de todos os tipos e em todos os lugares precisando de fisioterapia. Temos que encontrar e mostrar-lhes que o que temos a oferecer pode ajudá-los a recuperar desde pequenos movimentos até a capacidade de se levantar e caminhar novamente. É preciso que haja atendimentos de qualidade para todos, independentemente da região em que moram e de sua situação financeira.

Certo dia, meu amigo e eu optamos por fazer uma nova escala de trabalho, em um sistema de rodízio. Em uma semana, eu atenderia às segundas, quartas e sextas e ele, às terças e quintas, e na semana seguinte inverteríamos.

Funcionou muito bem por meses, gastávamos menos com combustível e havia a possibilidade de dias livres para outros trabalhos. Contudo, voltamos à antiga rotina quando houve um grande aumento no meu número de pacientes particulares. Tive de me adaptar, pois não podia deixar de atender as pessoas. Nessa época, o valor de meus atendimentos já estava muito acima do que quando iniciei, afinal, já havia adquirido um grande *know-how* na área e me especializado durante os cursos de pós-graduação. Acredito que precisamos valorizar nosso investimento em conhecimento e a prática que adquirimos ao longo da carreira. Se procurarmos profissionais de outras áreas da saúde, veremos que os pacientes acham justificável o valor cobrado por acreditar ser aquele um serviço especializado. Temos que demonstrar – e isso se faz por meio de muito estudo e trabalho consciente – que nosso trabalho também é fundamental e que só pode ser exercido por profissionais da Fisioterapia.

Terminei meu segundo curso de pós-graduação no início de 2007 e, desde então, mantenho contato com profissionais da EPM-Unifesp e com alguns colegas de curso. É importante construir uma sólida rede de contatos profissionais em todas as áreas e não somos uma exceção. Para isso, não basta conhecer as pessoas certas; é preciso que essas pessoas nos reconheçam como profissionais sérios e capacitados. Segui com o emprego fixo na fábrica em Guarulhos e com os atendimentos particulares. Com esses dois trabalhos, conseguia um salário muito bom, se levarmos em consideração o piso salarial estabelecido para a época. Era muito trabalho, dedicava mais de 12 horas de meu dia aos atendimentos, mas certamente valia a pena.

Em agosto de 2008, pude, com muita alegria por mais essa vitória, trocar de carro também exclusivamente com o dinheiro ganho com a minha profissão. Dessa vez, pude escolher um modelo melhor, pela primeira vez com ar-condicionado e vidros elétricos. Pude até escolher uma placa especial, cujas letras e números eram uma homenagem à minha profissão, pois faziam alusão à abreviação de fisioterapia (FIS10). Para muitas pessoas, pode parecer um fato banal, mas, para mim, depois de tantas batalhas, não foi. Era uma prova de que estava dando certo, de que, além de amar meu trabalho, ele possibilitava que eu começasse a construir um patrimônio, o que parecia impossível há menos de 20 anos.

Penso que me faltou ter uma orientação quanto à administração financeira. Soube gerir minha carreira, muito por intuição, mas acredito que, se soubesse investir o que ganhava, poderia, naquele momento, ter dado a entrada na aquisição de um imóvel, por exemplo. Não gastava o dinheiro que ganhava com viagens ou futilidades, mas, como não o aplicava ou transformava em bens, ele foi se perdendo com os gastos do dia a dia.

Em outubro, recebi uma notícia que mudaria a vida que levava desde meados de 2006. Fui avisado por meu amigo (o mesmo que me contratou) que haveria grandes alterações na estrutura da empresa em que trabalhávamos. Um funcionário da matriz da empresa, ao visitar a unidade, anunciou que seriam necessários muitos cortes, inclusive nos benefícios dos funcionários. Haveria uma redução bastante drástica no quadro de pessoal: de 5 mil para 2 mil empregados. Com isso, o setor de fisioterapia seria reduzido para apenas um fisioterapeuta. A proposta que recebi foi de trabalhar o dia inteiro, 3 dias por semana. Para mim, era inviável. Teria que parar com a maior parte de meus atendimentos domiciliares, mas, com eles, meu ganho era três vezes maior do que com o trabalho fixo. Haveria um pequeno aumento, mas não era significativo perto das possibilidades que os pacientes particulares ofereciam. Além do mais, o trabalho ali era, como dito anteriormente, em Ortopedia, que já há tempos não era a área de minha preferência.

Apesar do impulso de recusar imediatamente a proposta, pedi a ajuda de meus irmãos para fazer a escolha correta. Ambos eram bancários na época e com maiores subsídios para uma decisão como essa. Meu irmão mais velho, Marcelo, considerou que seria mais vantajoso e correto permanecer na empresa, afinal era registrado, o que trazia benefícios. Meu irmão mais novo, porém, em outra análise fez os cálculos de ganhos anuais na empresa, incluindo benefícios, e fez as mesmas contas também com os atendimentos domiciliares. A diferença de valores era muito grande! O que ganhava com um único paciente particular durante um ano era suficiente para cobrir os ganhos para o mesmo período do trabalho fixo, mesmo se pagasse a Previdência Social à parte. Com base nos conselhos recebidos e na experiência de anos atendendo de forma particular, tomei minha decisão e informei à empresa que não poderia continuar meu trabalho ali com as novas condições exigidas. A vaga ficou para meu amigo, que permaneceu até o momento em que o departamento de saúde foi totalmente encerrado.

Essa experiência, deixar um emprego fixo com garantias e optar por investir ainda mais em atendimentos domiciliares e particulares, foi a prova de que o modelo que vinha seguindo desde aquela primeira paciente de minha vida profissional estava correto. Eu vislumbrei nessa modalidade de atendimento um nicho de mercado carente de bons profissionais, investi e cheguei a um patamar em que era possível viver bem assim, fazendo o trabalho que escolhi, da forma que escolhi. E ganhando para isso, não só o dinheiro, mas principalmente o reconhecimento dos pacientes pelos resultados alcançados.

Cumpri meu período de aviso prévio em novembro de 2008 e, desde então, até a criação da Central da Fisioterapia, só atendi pacientes particulares.

Normalmente, os primeiros meses do ano são os mais fracos em número de atendimentos, mas o ano de 2009 começou de forma surpreendente. Tive mais pacientes em janeiro e fevereiro que em toda a minha vida até então! Foi maravilhoso quando percebi que estava ganhando mais do que jamais tinha imaginado! Tinha pacientes chegando por indicações daquela primeira parceria com um neurologista, de uma nova parceria estabelecida com uma fonoaudióloga que trabalhava no mesmo hospital que ele e muitas indicações vinham de meus ex-pacientes – e estas eram as mais significativas para mim, afinal eles indicavam meu nome por confiarem em mim, por ficarem satisfeitos com o resultado do meu trabalho.

Nesses meses, trabalhava das 8 horas até depois das 20 horas, sem parar, atendendo um paciente após o outro. Quase não tinha tempo de parar para comer! Valeu muito a pena financeiramente, é claro, mas também foi uma satisfação pessoal saber que todas aquelas pessoas queriam que eu as atendesse. Foi uma opção de vida que fiz na época; não é fácil definir uma carreira tão jovem e acredito que grande parte das pessoas, ao prestarem o vestibular, não sabe ao certo o que quer e muitos se iludem e fantasiam com os cursos pretendidos. A verdade é que só descobrimos de fato a profissão ao começar a exercê-la e, se aprendemos a amar o que fazemos, conseguimos extrair o nosso melhor a cada dia. Os caminhos muitas vezes vão surgindo ao longo do trabalho realizado. Basta ter sensibilidade para percebê-los e aceitar que talvez não sejam exatamente como os idealizávamos.

Trabalhar muito possibilitou que eu ajudasse meus pais quando precisaram de mim. Estava ganhando bem, tinha alguns planos, mas minha família sempre esteve em primeiro lugar. Sempre foi assim e sempre vai ser. Meus pais batalharam todos os dias para poder cuidar dos meus irmãos e de mim. Meus tios ajudaram e meus avós também. Não teria chegado até aqui sem cada um deles e, se puder ajudá-los de alguma forma, eu o farei sem pensar duas vezes.

Com tantos novos pacientes, percebi que, após uma primeira conversa e avaliação, todos os que chegavam até mim acabavam por contratar-me. Claro, tinham indicações, mas também buscavam e pesquisavam outros profissionais. Comecei a imaginar que, se todos os que me buscaram quiseram meus cuidados profissionais, que resultados teria se conseguisse me tornar mais conhecido, se houvesse uma forma de divulgar meus serviços? Até então, trabalhava apenas por indicações de outros profissionais e pacientes. Mas isso ficou em minha cabeça, mesmo que esses pensamentos tenham continuado adormecidos por algum tempo.

Mais ou menos na metade de 2009, um amigo da época da faculdade avisou-me de um processo seletivo que aconteceria em um hospital público da região metropolitana de São Paulo. A vaga era para o setor de Ortopedia e pensei logo em outro amigo meu, o mesmo que atendeu na empresa de Guarulhos comigo. Ele era muito bom na área e um emprego na rede pública, mesmo não oferecendo um bom salário, seria uma segurança para muitos profissionais.

Eu não tinha a intenção de assumir a vaga mesmo que passasse. Era para trabalhar no período da tarde, o que para mim era inviável com tantos pacientes particulares. Ainda assim, decidi participar do processo: seria uma boa forma de me avaliar e saber como andava o mercado.

Foram três etapas: prova escrita, análise de currículo e entrevista. Fiquei em terceiro lugar na prova e em primeiro na análise de currículo, o que me deixou bastante satisfeito. Meu amigo ficou em primeiro na prova. Sabia que ele tinha grande potencial para conquistar a vaga.

No dia da entrevista, enquanto aguardávamos, notamos um fato que nos deixou um pouco preocupados com o processo de seleção: uma moça, que vimos fazendo a prova, estava ali atendendo o telefone do departamento, conhecia os pacientes que chegavam... Descobrimos que era uma estagiária dali. Começamos a achar que talvez o processo não fosse justo, afinal, ela já estava ali dentro há algum tempo, pensamos que talvez todas essas etapas fossem apenas uma forma de legitimar sua contratação. Mas, como as notas de análise de currículo e da prova foram divulgadas e parecia tudo certo, preferimos acreditar na seriedade da instituição.

As entrevistas transcorreram normalmente e dias depois meu amigo ligou perguntando se eu tinha visto o resultado que havia chegado por e-mail. Eu estava na rua trabalhando e tinha um celular bem simples, não sentia necessidade de ter um telefone com acesso à internet nessa época. Ele me perguntou: "Adivinha quem passou na seleção?" e eu não soube responder, queria que ele tivesse passado. Ele contou então que a pessoa aprovada era a garota que estagiava no hospital. O segundo da lista era eu. Sim, comemorei ser o segundo daquela lista, porque era uma seleção para um local conceituado e porque, para mim, até hoje, é difícil acreditar que o resultado da seleção não privilegiou a estagiária. Não acho que ela não tenha merecido o cargo, na verdade acho até óbvio contratá-la, afinal já estagiava ali há algum tempo. O que me deixou realmente frustrado foi a impressão de que foi feito um processo seletivo apenas para justificar a sua contratação. Fomos até lá mais de uma vez, passamos horas envolvidos nisso – e tempo, como todos sabem, é dinheiro, ainda mais para profissionais autônomos. E eu ainda tinha levado um amigo para participar, convencido-o de que poderia valer a pena.

Posso estar errado? É claro, e espero estar, mas é complicado. Se analisarmos os resultados das demais etapas da seleção, parece difícil acreditar no resultado final, mas foi mais uma experiência que tive, e, infelizmente, não acho que seja muito rara, não só na rede pública, mas muitas vezes em clínicas e hospitais particulares também.

Se há algo de que me orgulho muito é de como cheguei até aqui. Nunca passei por cima de ninguém, nunca derrubei alguém para poder subir. Se isso fosse necessário, não o faria. Não é assim que se conseguem conquistas verdadeiras e duradouras. Conquistar o espaço no mercado de trabalho não é fácil, mas tampouco é impossível. Basta ter garra suficiente para trabalhar muito, amor à profissão e, acima de tudo, valores éticos sólidos.

E a vida foi seguindo, continuei com meus pacientes particulares, a mesma rotina: tratamento, alta, tratamento, alta... O que faz essa vida ser interessante é conhecer as pessoas, todas tão diferentes. É o desafio de tratá-las, porque, mesmo com mais de 15 anos de experiência prática, nunca vi um caso igual ao outro, nunca vi uma evolução idêntica à outra.

O ano de 2010 transcorreu com tranquilidade, mas, com o final de ano, veio uma nova queda no número de pacientes. Nada preocupante, pois aprendi, com o tempo, que essas flutuações ocasionais acontecem, mas há algumas coincidências na vida que não sabemos explicar. Pela segunda vez em um momento de diminuição dos meus pacientes, surgiu uma oportunidade de trabalho fora da Fisioterapia.

Estávamos vivendo o *boom* do setor imobiliário em São Paulo e duas pessoas bastante próximas trabalhavam em uma das maiores empresas do ramo. Fui convidado por elas – um amigo e a mãe de outro amigo – a fazer parte da equipe de vendas da empresa. Esse amigo estava muito bem na carreira, conseguindo comissões que faziam meu melhor mês de salário parecer irrisório; e ela, gerente de uma equipe, vivia seu melhor momento profissional até então. Foi tentador, confesso. Quem é que não se sente impelido a aceitar uma proposta de ganhos assim tão altos? Claro, eu precisaria vender para ganhar, mas não acho que isso teria sido um problema. Só precisava aprender mais sobre a área e me dedicar.

Meu único impedimento era a Fisioterapia. Todos os anos dedicados a ela, tudo o que vivera até ali graças à minha profissão. E foi isso que fez com que eu rejeitasse as propostas e todas as tentativas feitas para me convencer. Não me arrependo, mas já pensei em como seria minha vida hoje se tivesse aceitado. Vejo tudo o que eles conquistaram e me alegro por seu sucesso.

Acredito que tomei a decisão certa. O número de atendimentos logo voltou ao normal e minha vida seguiu nesse ritmo de atendimentos particulares até o meio do ano de 2011, quando surgiu a Central da Fisioterapia em minha vida, mas sobre isso falarei com calma mais adiante...

Pacientes desafiadores, amigos para toda a vida

TODOS OS PACIENTES que atendi até hoje foram importantes de alguma maneira, mas há alguns que marcaram não só minha carreira, mas também minha vida.

O que tornou essas pessoas tão especiais para mim? O que as difere de tantos pacientes que passaram por minhas mãos? Suas vidas, histórias inacreditáveis de superação e toda a trajetória que percorremos juntos, com lutas diárias em busca da recuperação de sua autonomia, acabaram por estabelecer, além da relação profissional, um forte laço de amizade entre nós. Há muita emoção envolvida em alguns casos e é impossível ficar indiferente ao ver um paciente desacreditado pelos médicos recuperar pouco a pouco seus movimentos e sua confiança. Ver a reação de seus familiares, com quem acabamos tendo uma convivência tão grande em uma fase tão complexa e delicada, é profundamente gratificante. Saber que colaborei para devolver a essas pessoas sua liberdade é o maior presente e a maior recompensa que posso desejar.

Acredito que a relação de confiança que criei com esses pacientes e seus familiares foi um dos alicerces fundamentais para nossa relação profissional e pessoal, e grande responsável pelo sucesso desses casos.

Além da força e da luta desses pacientes, há algo que os relaciona: seu maior desejo era voltar a andar e reconquistar sua independência.

A seguir, contarei um pouco sobre quatro desses casos, que escolhi por acreditar que as experiências vividas com esses pacientes permitirão que as pessoas visualizem mais claramente o que a fisioterapia é capaz de realizar.

Marcos, 21 anos

Em um dia comum, um jovem bonito, 21 anos de idade, estudante de fisioterapia e professor de inglês, sai de carro para visitar sua namorada no interior de São Paulo. Ele segue despreocupado pela estrada, ouvindo música e mascando um chiclete. Em um rápido telefonema, avisa que já estava quase chegando, faltando apenas alguns quilômetros... Foi então que tudo aconteceu. O que houve tão repentinamente que mudou para sempre a vida desse rapaz de futuro tão promissor? Ele perdeu o controle do carro e sofreu uma forte colisão com graves consequências. Em um primeiro momento, buscamos culpados: a velocidade, a namorada, o celular e até mesmo o chiclete. Mas há realmente um único responsável? Não sabemos. Talvez o ocorrido seja resultado da combinação de uma série de fatores, e conhecer os detalhes infelizmente não reverterá os acontecimentos.

Marcos foi removido do local do acidente e levado a um grande e renomado hospital. Seu quadro era gravíssimo: traumatismo cranioencefálico e politraumatismo em seu corpo decorrentes da força da batida, acidente que o levou do estado de alerta ao coma em questão de segundos.

Foram feitas inúmeras cirurgias e, durante três longos meses, ele ficou em coma na unidade de terapia intensiva (UTI). Após esse período, ele conseguiu acordar, contrariando os médicos, que, baseando-se em casos de lesões similares, acreditavam que ele não voltaria à vida. Ali, começava a história de um sobrevivente.

Depois do momento inicial de alegria, a insegurança surgiu: apesar de despertar do coma, Marcos não parecia estar acordado. Seus olhos estavam abertos, mas ele não via o que acontecia ao seu redor. Novamente, sua família recebeu notícias desanimadoras dos médicos: ele não voltaria a ser o jovem alegre de antes. Não poderia interagir com seus amigos e familiares. Estava fadado ao isolamento, como se estivesse morto em vida.

Foi nesse momento da história que recebi um telefonema da dra. Adriana Saad, fonoaudióloga, com quem já trabalhava há alguns anos, relatando o panorama geral do quadro e dizendo que havia me recomendado à família por minha experiência como fisioterapeuta neurológico. As informações que recebi eram as de que um paciente muito jovem sofrera um traumatismo cranioencefálico gravíssimo, que o deixara por quase 90 dias em coma. Agora acordado, havia sido transferido para um quarto, mas estava em coma vigil, ou seja, acordado, porém inconsciente, não interagia e não conseguia fazer nenhum gesto, nem ao menos olhava para seus familiares.

Logo depois, recebi a ligação da mãe do paciente. Ela se apresentou, contou-me o caso bastante emocionada e disse que gostaria de marcar uma avaliação para que eu conhecesse seu filho. Ela praticamente morou no hospital durante todo o tempo em que ele ficou internado. Estava desesperada, precisava que alguém a ouvisse e dissesse que havia alguma esperança, ainda que pequena. Enquanto descrevia o acidente, pude perceber o quanto estava assustada, principalmente com o prognóstico de que Marcos não sairia do estado em que estava, pois o médico, um respeitado neurocirurgião, foi categórico ao dizer que a família não deveria esperar por nenhuma melhora e, por tudo que ouvia no hospital, a mãe tinha adquirido uma postura muito negativa, embora isso não a impedisse de lutar para ajudar seu filho. Procurei acalmá-la e disse-lhe que, na mesma noite, iria até lá fazer uma avaliação detalhada. Fiz algumas perguntas necessárias para me preparar para a visita e, por seu filho ainda ser um garoto, perguntei para que time ele torcia: São Paulo Futebol Clube.

Coincidentemente, também sou são-paulino e, antes de ir ao hospital, passei em casa e peguei uma camisa do clube e uma bola de futebol. Foi algo espontâneo, a ideia surgiu e não pensei duas vezes. Alguma coisa me dizia que poderia conseguir alguma reação com esses objetos e segui meus instintos. Ao chegar, vesti a camisa por debaixo da roupa e do jaleco, guardei a bola na mala e segui pelo corredor até a porta do quarto. A família saiu para me receber e pude sentir a expectativa em seus olhos. Teria eu alguma notícia boa? Poderia ajudá-los de alguma forma a recuperar as esperanças? Contaram-me o que acontecera com os detalhes que conheciam, buscando saber a minha opinião. Expliquei com calma, tentando manter sempre uma postura positiva, que precisava ver o paciente antes de poder dizer algo. Lembro-me perfeitamente do quarto em que ele estava, da disposição dos móveis e de vê-lo sentado no sofá, alheio a tudo que acontecia a sua volta. Entrei e falei com ele: "Oi, Marcos, meu nome é Rodrigo, mas pode me chamar de Rodriguinho ou Rodrigão. Sou fisioterapeuta, minha especialidade é neurologia e vim aqui conversar com você, te conhecer para poder te ajudar".

Ele não olhava para mim, não olhava para ninguém. Era como se estivesse em outro mundo. Tenho aquela cena gravada em minha memória até hoje. Continuei firme em meu propósito, nunca deixei transparecer a preocupação que senti ao vê-lo.

Segui falando diretamente com ele sem parar e sua família olhava-me sem entender o que eu estava fazendo, afinal não estava claro que ele não me ouvia? Não para mim. Eu acreditava que ainda que distante ele ouvia minhas palavras. Podia não conseguir compreender, mas era importante dirigir-me a ele ali no quarto, e não a sua família. Ele estava vivo e eu pensava que podia, de alguma forma, chamar sua atenção. Seus instintos estavam preservados. Se lhe dessem comida, ele comia. Se alguém provocasse um estímulo doloroso, ele sentia. Pode parecer pouco para a maior parte das pessoas, mas ao menos à fome e à dor ele reagia.

Fui explicando a ele tudo o que fazia, cada passo da avaliação. Iniciei verificando a amplitude de seus movimentos e percebi que o lado direito de seu corpo tinha sido bastante afetado pela lesão sofrida. O braço e a perna possuíam encurtamentos significativos e estavam bastante fracos. O politraumatismo sofrido trouxe grandes cicatrizes em seu braço, marcas que ele levaria para sempre, contando parte da história daquele acidente que mudou sua vida, a de sua família e a minha também.

Coloquei Marcos em pé, amparando seu corpo com minhas mãos. Ele tinha um déficit quase total de equilíbrio e coordenação, teria de ser muito estimulado. A cada novo passo da avaliação, sentia o quanto aquele paciente precisava ser tratado e uma imensa vontade de fazer alguma coisa por ele.

Não consigo lembrar exatamente em que momento da consulta brinquei dizendo que sabia que ele era são-paulino e, de repente, abri o jaleco e a camisa como se fosse o super-homem, mostrando as cores do clube como se fosse meu uniforme de super-herói. Ele não olhou para mim, mas não desisti da ideia: peguei a bola que havia trazido e estendi para ele ainda falando sobre futebol. Foi aí o momento mais marcante daquele dia: Marcos estendeu o braço esquerdo e pegou a bola. Não a levou para perto de si, mas a segurou por alguns instantes. Ele estava ali. Precisava apenas de ajuda. Em meio a toda essa emoção, a mãe sorriu e disse que ele não jogava futebol, mas basquete, e por alguns momentos fiquei sem graça de ter ido todo caracterizado, mesmo tendo visto que não foi em vão. Consegui uma interação, um movimento voluntário com a brincadeira que propus, e isso me deu esperanças de obtermos novos e maiores resultados.

Saí do quarto com seus familiares para dar um parecer sobre minha avaliação. Acho importante não falarmos sobre a gravidade do caso dos pacientes perto deles. Ainda que Marcos estivesse em coma vigil, não é possível saber o quanto compreendia do que era dito. Sempre oriento as famílias de pacientes a conversarem com eles de forma normal, sem demonstrar sofrimento ou desânimo.

Mais uma vez, estávamos todos no corredor do hospital, os rostos dos familiares mostrando o quanto eles estavam apreensivos em escutar minha opinião, e eu muito nervoso também, mas sem transparecer. Firmemente, disse à família que era, sim, um caso grave. Expliquei sobre o quadro de maneira geral e falei sobre as sequelas, o porquê da sua existência, os riscos que ele corria de não melhorar do politraumatismo que teve no braço e o risco de não poder voltar a andar. Passei mais de uma hora conversando com eles sobre o estado de Marcos e disse: "Não sei o quanto e em quanto tempo ele irá melhorar, mas sei que o importante é estimular constantemente seus movimentos, equilíbrio e coordenação." Ofereci tratamento diário de segunda a segunda, sem intervalos aos finais de semana e feriados. A mãe concordou. Disse que poderíamos começar as sessões. Já o pai não parecia muito convencido em um primeiro momento. A irmã ficou quieta, só observava tudo o que estava acontecendo. Ficaram de confirmar e nos despedimos ali. Sabia que o custo do tratamento era elevado. Seriam sessões diárias e o valor da sessão era compatível ao meu currículo e experiência. Os pais questionavam-se se valeria a pena investir em alguém que, ao contrário dos médicos, dizia que havia esperança de seu filho ter melhorias em seu quadro. Deveriam confiar em mim?

Fui embora apreensivo. Queria muito poder tratar aquele rapaz. Sentia que podia ajudá-lo e, ao mesmo tempo, sabia que seria um desafio, o maior em minha carreira até aquele momento. Tratar um paciente com tantas sequelas e inconsciente era desafiador, precisava desenvolver uma forma de explicar a ele os movimentos que precisava fazer e mais uma vez confiei na fisioterapia.

Ligaram-me algumas horas depois confirmando a contratação de meus serviços e, assim que Marcos teve alta hospitalar, começamos nossa jornada. Eles "pagaram para ver" – a família confiou em mim e em minha profissão, e eu não os decepcionaria.

Comecei a ir todos os dias a sua casa. Os primeiros dias foram certamente os mais difíceis para todos. Ele foi instalado no quarto de seus pais, dormia na cama da mãe e dependia da ajuda de todos para tudo o que fazia: sentar-se, levantar-se, comer... Não havia um enfermeiro ou cuidador, era a mãe quem lhe dava banho e trocava suas fraldas. Ele não tinha incontinência, mas seu nível de consciência não permitia que ele dissesse: "Preciso ir ao banheiro", por exemplo.

Nas primeiras sessões, em razão da rigidez e dos encurtamentos musculares em seu braço e perna direitos, tive de alongá-lo bastante. Eu nunca fui um fisioterapeuta que só faz alongamento, como infelizmente ocorre em algumas clínicas. Alongar é importante, mas não é a única técnica a ser utilizada. Facilitam a realização de movimentos, mas, para a recuperação destes, é preciso utilizar a combinação de outros recursos e estímulos mais complexos.

Marcos tinha muitas limitações do lado direito, principalmente no braço. Era um caso de lesões ortopédicas em um paciente neurológico. Por isso, falo tanto da importância de, mesmo tendo uma especialidade, termos conhecimentos em outras áreas da Fisioterapia. Seus braços, por exemplo, tinham sequelas neurológicas de movimento e ortopédicas advindas das cirurgias e do tempo de UTI, onde ficou parado, sofrendo atrofias e perdendo tônus muscular.

Como disse anteriormente, no estado de coma vigil, a sensação de dor existe e, conforme comecei a alongá-lo, ele passou a ter reflexos muito fortes de defesa. Usava o lado que não havia sido afetado pela lesão para fazer com que eu o soltasse e usava toda a sua força. Em seus reflexos, acabava me batendo e me chutando para se defender. Não era consciente. Era uma reação instintiva à dor que eu estava causando. Era muito difícil ver e saber que ele estava sofrendo com o que eu fazia, mas era importante para o tratamento mobilizar e alongar seu corpo. Ele não gritava, mas contorcia o rosto por causa da dor que sentia e eu sofria junto a ele, calado.

Foi um período muito doloroso do tratamento. Sua mãe ajudava-me, segurando-o fortemente para que eu pudesse realizar os exercícios, mas chorava ao ver o quanto ele lutava para se defender. Eu via o desespero enorme daquela mãe, chorando e segurando seu filho. Sua expressão dizia: "Por que fazer isso? Ele está sofrendo", mas ela entendia que era necessário e fazia o que fosse preciso para que ele melhorasse.

Por mais que conviver com situações como essa me fizessem sofrer, aprendi cedo que não poderia sentir pena de meus pacientes. Esse sentimento nos impede de ajudá-los verdadeiramente, pois acabamos por protegê-los dos estímulos necessários à sua recuperação. Se você sentir dó dos pacientes, não irá ajudá-los.

Marcos foi gradativamente começando a falar. Era muito bom vê-lo voltando à vida, mas ele ainda não compreendia bem o que estava acontecendo e, por isso, nos exercícios mais dolorosos ou nos quais ele se assustava achando que iria cair, por exemplo, ele começava a gritar pedindo socorro. Ele gritava mesmo, com toda a força de seus pulmões. Todos os dias, quando chegava em sua casa, eu me apresentava novamente para ele e explicava que estava ali para ajudar, mostrava que sua família estava junto, mas ele só repetia: "Eu não quero, eu não quero." Era duro ouvir seus gritos, mas, como disse antes, foi importante aprender a ter frieza e amor durante meu trabalho. Frieza para não sentir dó dos pacientes quando sei que o que estou fazendo, mesmo que cause dor ou desconforto em um primeiro momento, é para seu bem. Amor, porque é por meio dele que alcançamos nosso melhor dentro da profissão. Os gritos cessaram aos poucos e os resultados continuaram aparecendo.

Marcos dava aulas de inglês antes do acidente e, para estimular seu cérebro, eu brincava com ele falando em português e pedindo para ele traduzir o que eu dizia enquanto realizava os exercícios. Era uma forma de fazer com que ele se distanciasse um pouco daquela realidade dolorosa por alguns momentos. No começo, era difícil compreender suas palavras, mas, aos poucos, graças às sessões de fonoaudiologia, ele foi conquistando clareza na dicção.

Foram dias e dias vivendo essa rotina: manipulação, mobilização e alongamento, para ganhar amplitude dos movimentos. Também trabalhávamos desde o princípio seu equilíbrio e sua coordenação.

Logo que possível, introduzi o uso do andador. Era uma forma de estimular sua marcha e seu braço simultaneamente, pois, mesmo que não conseguisse segurar a barra de apoio, eu encaixava sua mão e passava uma faixa posicionando-a, dando o suporte necessário para a condução do aparelho. No começo, ele não entendia o que estava fazendo, mas devagar foi conquistando novos movimentos e aumentando sua resistência física e coordenação.

Por ter sido um processo gradativo, não sei dizer ao certo quando ele começou a me compreender, mas foi um processo rápido, acredito que tenha levado cerca de 15 ou 20 dias. Ele era muito estimulado. Fazia sessões de fonoaudiologia com a dra. Adriana Saad e de fisioterapia comigo. A cada dia, entendia um pouco mais do que acontecia a sua volta, começou a olhar para mim e para sua família... Tinha lapsos de memória, mas começava a viver novamente no presente e, pouco a pouco, passou a entender quem eu era e o que fazia ali. Isso foi muito bom para seu tratamento, nos deu novas possibilidades, mas, por outro lado, com essa nova consciência, surgiram muitas dúvidas em sua mente; ele sempre me questionava muito sobre o que poderia ou não voltar a fazer e eu sempre dizia que não poderíamos colocar limites. Tinha que existir um esforço intenso dele e, a partir disso, trabalharíamos para recuperar tudo o que fosse possível.

Todas as sessões tiveram suas particularidades e não houve um só dia em que não ocorresse algum avanço, como quando ele começou a abrir e fechar a mão e, após, conseguiu levantar o braço, ainda que por apenas alguns centímetros. Trabalhamos muito, mas conseguíamos ver o surgimento dos resultados. No começo, eu o estimulava sem sua compreensão, conseguia respostas graças ao seu instinto, mas, com o aumento de seu entendimento, as respostas ao tratamento melhoraram ainda mais.

Lembro-me de encostá-lo em uma das paredes do quarto, dobrar seus joelhos e o colocar em uma posição próxima a de agachamento. Ele não conseguia sustentar-se em pé sozinho, então eu o posicionava dessa forma para ele ter um suporte maior ao seu corpo. No início, ele pendia para o lado direito e eu o amparava e voltava à mesma posição, mas pouco a pouco ele foi conseguindo firmar-se, ainda que com dificuldade. Eu o segurava e soltava, segurava e soltava, gerando estímulos para seu cérebro, afinal, se alguém não tem equilíbrio, como vou estimular a volta deste? Desequilibrando a pessoa, estimula-se a volta de seus reflexos. Para mim, é fundamental mostrar ao corpo e ao cérebro o que esperamos deles.

Ainda utilizando a parede como apoio para seu corpo, pedia para ele tentar desencostar a cabeça, depois o tronco e, por fim, conseguimos estabilizar o corpo desencostando o quadril. Cada movimento desses era um novo desafio, com muitas tentativas e frustrações, mas depois vinham pequenas conquistas até o movimento ser realizado integralmente. Desencostar dois dedos da parede já era importante, mostrava o quanto seu tônus e equilíbrio estavam progredindo.

Eu o segurava para caminharmos juntos e ele tentava mover a perna direita, mas não tinha nenhuma noção de equilíbrio e coordenação motora, por causa das sequelas de seu traumatismo. Sua lesão era difusa, atingiu o hemisfério esquerdo do cérebro e, como consequência, seu lado direito foi afetado, mas o lado esquerdo estava bem. A princípio, sua marcha era bem difícil: ele, com seu corpo apoiado no meu, jogava a perna direita para a frente, firmava o corpo e avançava. Era um caminhar totalmente atípico. Não tinha tônus muscular suficiente para o apoio e não conseguia controlar seus movimentos.

Todos os dias eu o colocava em pé e treinávamos alguns passos. Quando deixamos o paciente em pé, ainda que com suporte, estimulamos a perna atingida pela lesão a sentir o peso do corpo, a conhecer novamente essa função.

Um dia, estávamos fazendo os exercícios de equilíbrio quando o soltei e ele não se desequilibrou. Conseguiu sustentar-se sozinho! Foi surpreendente, fiquei olhando seu esforço e, quando percebi, tinha lágrimas nos olhos. Não consegui controlar a emoção ao vê-lo em pé sem se apoiar em nada nem ninguém. Olhar para o Marcos ali, retomando sua consciência e seu equilíbrio, e lembrar-me do garoto que conheci no hospital, há pouco mais de 30 dias, totalmente ausente, sem nenhuma reação exceto os instintos de fome e de defesa à dor, foi extremamente gratificante. Não posso expressar em palavras o quanto esse momento foi significativo, carregado de emoções.

A partir desse dia, nosso trabalho foi ficando mais intenso e direcionado. Caminhávamos pelo corredor de sua casa, utilizando as paredes de suporte, como se fossem as barras paralelas presentes em clínicas. Ele caminhava devagar, apoiando-se em mim e nas paredes, mas evoluía a cada sessão. Introduzi novos estímulos, como a cama elástica, para aperfeiçoar o equilíbrio, e começamos também a subir e descer as escadas de sua casa, o que foi uma grande prova de sua recuperação. Era uma escadaria difícil, curva, e os degraus ficavam mais estreitos em alguns pontos. Eu disse que ele podia vencer esse obstáculo e ele confiou em minha palavra. Foram semanas de evolução inacreditável até que ele conseguiu dar seu primeiro passo sozinho. Não era apenas um passo. Era a prova definitiva de sua recuperação, e intensificamos os trabalhos de fortalecimento e de marcha até sua caminhada tornar-se independente.

Saímos mais de uma vez para caminhar por sua rua e, certo dia, estendemos a caminhada até a escola em que antes ele dava aulas. Ele pôde novamente entrar ali, rever seus colegas e alguns ex-alunos, e aquilo deu a ele novas forças para melhorar ainda mais, pois percebeu que poderia ter sua vida de volta em breve. Na volta para casa, estávamos os dois tão animados que corremos juntos por um pequeno trecho da rua!

São essas conquistas que fazem com que cada dia de trabalho e cada dificuldade passada valham a pena. Acreditei mais uma vez na Fisioterapia, tracei uma proposta de tratamento e a segui dia a dia, sem pausas. Provava novamente que a Fisioterapia Neurológica tem grande valor e traz resultados inquestionáveis ao paciente.

Na primeira vez que vi Marcos, ele estava inconsciente, sentado no sofá de seu quarto no hospital com sequelas graves. De acordo com os médicos especialistas, aquela seria sua vida para sempre. Uma família lutando por seu filho resolveu acreditar na Fisioterapia. Foram 54 sessões sem intervalos, com o uso de muitos aparelhos, técnicas e exercícios específicos, que estimulavam a recuperação dos movimentos e trabalhavam sua coordenação, equilíbrio e marcha. Essas sessões trouxeram esse rapaz de volta ao convívio consciente com sua família. Devolveram a ele suas atividades de vida diária, sua qualidade de vida e independência.

Tivemos alguns momentos muito bons juntos. Certa vez, ele estava com sua família em Ilhabela, no litoral de São Paulo, e eu também estava na região com alguns amigos. Um deles tinha um barco e, para brincar com Marcos, também fui até a praia encontrá-lo pelo mar. Já estive em seu aniversário e ele esteve em minha festa pouco tempo depois do final do tratamento, quando comemorei na escola de samba; era uma festa muito animada e lembro-me de que ele foi junto com seus pais e sua irmã. Na hora de cortar meu bolo, tive a chance de fazer uma homenagem, algo que foi muito simbólico e marcante para mim. O primeiro pedaço, aquele que sempre damos a alguém especial, não poderia ser de outra pessoa. Ter Marcos como paciente marcou minha vida profissional e o fato de ele estar ali, na minha festa, podendo comemorar comigo, foi o maior presente que eu poderia desejar. Tenho até hoje uma foto de nós cinco juntos, celebrando meu aniversário e o renascimento desse paciente que se transformou em um amigo. Ele trabalhou como meu intérprete posteriormente em uma feira hospitalar e até me visitou quando minha filha nasceu. Não nos vemos com maior frequência, infelizmente, pela rotina atribulada em que vivemos, mas sei que está bem e é isso que me deixa realizado.

O que teria acontecido se ele não fosse estimulado, se ficasse na cama e os pais se conformassem com a palavra dos médicos de que não havia nada a ser feito? Ele poderia ter ficado anos preso a uma cama, suas sequelas iriam se tornar mais graves, talvez irreversíveis. Ele melhoraria? Talvez sim, não posso afirmar nem negar, mas tenho certeza de que demoraria muito mais tempo e não posso dizer quais resultados atingiria sozinho, pois o corpo parado tende à atrofia, o que certamente agravaria suas sequelas. Pode soar repetitivo, mas a criação de estímulos direcionados é essencial para a obtenção de resultados que verdadeiramente possam melhorar a vida dos pacientes.

Marcos, por sorte, tem uma família que lutou por sua vida, e quem o vê hoje nem imagina tudo o que ele já passou. Graças ao apoio das pessoas que o cercam e aos tratamentos intensivos de fonoaudiologia e fisioterapia, ele pôde retomar sua vida. Voltou a dar aulas de inglês, namorar e encontrar os amigos. Pode fazer o que quiser. É um sobrevivente e tenho orgulho de fazer parte dessa história.

Bianca, 21 anos

Aos 19 anos e no auge de sua vida, Bianca foi a uma festa com o namorado. Por sua beleza, chamava a atenção por onde passava. Olhos claros, quase 1,80 m de altura, magra e feições muito delicadas. Na volta para casa, poucos quarteirões antes de chegarem em casa, houve uma discussão entre o casal. O namorado estava dirigindo e começou a virar o volante ameaçando jogar o carro para fora da pista. A discussão foi tornando-se mais violenta e, em uma nova ameaça, ele perdeu o controle do automóvel. Desespero, dor, vazio. Tudo o que restou foi um carro destruído pela colisão e dois jovens gravemente feridos.

Conheci a mãe de Bianca em um dos primeiros telefonemas recebidos por meio da Central da Fisioterapia. Expressava-se muito bem e parecia bastante motivada. Disse que sua filha sofrera um acidente e gostaria que eu a avaliasse. Contou-me rapidamente o que ocorrera 3 anos antes, falou um pouco sobre o estado atual de Bianca e sobre o *blog* que criou para relatar a história e o tratamento de sua filha.

Fui ao apartamento da família no dia seguinte e deparei-me com uma moça de 21 anos, alta e com um sobrepeso significativo, por causa de todo o tempo que passara sem movimentar-se, e isso era preocupante, pois certamente agravava seu quadro, dificultando a recuperação dos movimentos. Sua mãe havia me avisado de seu bom humor e alertou-me que provavelmente ela brincaria comigo me paquerando. E foi exatamente o que aconteceu. Sabia que era uma brincadeira, então não cheguei a ficar desconfortável. Acabou diminuindo a tensão desse primeiro contato.

Bianca estava na cadeira de rodas, e a mãe começou a dar detalhes da história. Foi quando eu soube que o rapaz causador do acidente, ex-namorado de Bianca, coincidentemente se chamava Rodrigo. Confesso que, por alguns instantes, fiquei aborrecido com isso, percebi que a família se incomodava um pouco com a repetição do nome, pois o associava a tudo o que havia acontecido.

Contou-me que, no acidente, os dois jovens sofreram um trauma direto, batendo frontalmente a cabeça. Ambos foram vítimas de traumatismo cranioencefálico, foram hospitalizados e levados à UTI, mas que, para o rapaz, as consequências foram muito menores. Não cheguei a conhecê-lo, mas soube que ele se recuperou rapidamente e não apresentou sequelas significativas após a alta hospitalar. A família estava processando o rapaz por ter sido o causador do acidente.

Bianca esteve internada na UTI por um longo período, durante o qual passou por uma cirurgia no braço, para a correção de uma das fraturas sofridas. Acordar do coma é sempre uma primeira vitória, mas lidar com as sequelas após a alta hospitalar é uma nova e árdua luta.

Seu quadro clínico era de hemiplegia (paralisia total de um lado do corpo), paralisia facial e alteração ocular. Houve grande diminuição de tônus muscular, equilíbrio e coordenação.

A mãe contou então sobre o *blog* que criou logo após o acidente e do quanto ele a tinha ajudado a lidar com todas as mudanças que aconteceram, com seus medos e sua ansiedade. Por meio dele, ela conheceu muitas famílias que passaram por situações parecidas e que a apoiaram nesse momento tão difícil. Com o *blog,* ela acabou entrando em contato com pessoas e empresas que passaram a auxiliar financeiramente a família, para que Bianca recebesse todo o tratamento necessário.

O acidente ocorrera há 3 anos e, durante esse período, a garota fez diversos tratamentos em casa e em instituições. Recorreu, entre outros, a sessões de fisioterapia, trabalhos de psicomotricidade e fonoaudiologia, que certamente melhoraram sua qualidade de vida desde a sua volta para casa, mas ela ainda apresentava muitas limitações de movimentos.

Iniciei a avaliação de Bianca e constatei que a alteração do lado esquerdo de seu corpo ainda era bastante séria. Seu braço praticamente não tinha movimentos e sua perna pouco se movia. Havia uma série de alterações motoras e muitos encurtamentos musculares. Seu braço esquerdo permanecia o tempo todo dobrado e sua mão, curvada como uma garra, deformidade comum em casos de atrofia. A perna apresentava pouquíssimas funções. O fato de estar com bastante sobrepeso dificultava ainda mais seus movimentos, pois, para realizá-los, era necessária a utilização de mais força.

Avaliei seu equilíbrio e coordenação e, em um dado momento, pedi que se levantasse, ao que ela respondeu que não conseguia. Insisti e Bianca continuou afirmando que não poderia fazê-lo. Disse então: "Vamos combinar o seguinte, antes de você falar que não consegue, irá tentar fazer o que estou pedindo."

Ela ficou nervosa, mas começou a tentar e não conseguia levantar-se sozinha. Estendi a ela um de meus dedos para ela se apoiar e ela levantou.

Por que dei a ela um dedo, e não a mão? Oferecer somente um dedo é uma forma de não dar o suporte total para a ação, mas, ainda assim, fazê-la sentir-se segura. Não poderia sustentar seu corpo com um dedo, não utilizei força alguma e mesmo assim ela levantou. Teve bastante dificuldade no movimento, mas o completou.

Não havia equilíbrio para se sustentar em pé, mas a auxiliei e tranquilizei até o momento em que conseguiu equilibrar-se sozinha. Seu corpo estava desalinhado, mas ela fazia força para ficar em pé e conseguia. Foi um momento de grande comoção e percebi que todos os presentes estavam surpresos ao vê-la em pé. A mãe de Bianca pegou a câmera e filmou aquele momento. Há 3 anos a filha não se levantava.

Continuando a avaliação, pedi a ela que desse alguns passos e novamente ela sentiu medo, repetindo que não conseguia andar. Eu precisava conhecer seus limites, então conversei com ela e dei-lhe novamente o suporte necessário. Ela apoiou todo o seu peso em mim, estava com medo de cair, mas lentamente deu alguns passos. Acho que os mais emocionantes que já presenciei! Os passos de alguém que há 3 anos saiu feliz para uma festa e desde então nunca mais andou.

Bianca negligenciava seu lado esquerdo. O equilíbrio era muito difícil, pois seu corpo pendia para o lado até então desconhecido. Durante os 3 anos seguintes ao acidente, ela não foi estimulada a reconhecer a totalidade de seu corpo. Como poderia fazê-la recuperar o movimento de partes do corpo que seu cérebro não mais reconhecia como seus? Ela não tinha a compreensão, ao olhar o braço e a perna esquerdos, de que aqueles membros eram seus.

Depois de mais alguns testes, quando a ajudei a sentar-se para descansar, sua mãe desligou a câmera, aproximou-se de mim, agradeceu e abraçou-me chorando. Ver a filha levantar-se e dar alguns passos, ainda que desequilibrados, parecia impossível e, de repente, durante uma avaliação, ainda que com o corpo bastante fora de eixo e com dor, Bianca estava em pé e arriscava os primeiros passos, amparados por outro Rodrigo, que, diferentemente daquele que a feriu, ajudava sua filha a redescobrir-se capaz.

Emocionei-me muito com aquela família, com o quanto eles ficaram surpresos e gratos apenas ao ver o que, para mim, era essencial em qualquer avaliação: colocar o paciente em pé e testar seus limites. Conhecer suas capacidades, incapacidades e dificuldades. Entender quais são seus limites físicos e quais foram criados por barreiras psicológicas.

Expliquei a eles que o mais indicado, no caso de Bianca, seria realizarmos sessões diárias e sem pausas. Como naquele momento eles não dispunham de condições suficientes para realizar o tratamento dessa forma, começamos com atendimentos três vezes por semana. Depois de algum tempo, conseguimos aumentar para cinco sessões semanais, o que possibilitou melhores resultados.

Acredito que a fisioterapia traz mais e melhores resultados quando o corpo e o cérebro são expostos a estímulos contínuos e coerentes com as necessidades do paciente. Minha opinião, como fisioterapeuta neurológico, é que é melhor o paciente fazer, por exemplo, 16 dias de tratamento sem pausas do que fazer duas sessões semanais por 8 semanas. Claro que nem todos os pacientes têm essa disponibilidade e os recursos necessários para realizar o tratamento dessa forma, mas estou falando do cenário ideal. É melhor fazer três sessões por semana a não fazer nenhuma, os resultados aparecerão mais lentamente, mas é uma alternativa. Menos de três sessões por semana eu, particularmente, não considero tratamento, e sim orientação.

Todos os dias em que atendia Bianca, eu a colocava em pé. Repetíamos o exercício de sentar-se e levantar-se diversas vezes, em assentos cada vez mais baixos. Ela evoluía, conseguia sustentar o corpo por mais tempo e equilibrava-se melhor. Os treinos de marcha eram sempre intensos e cheios de emoção. Exigiam dela muita força física e aumento de sua confiança.

Em seu caso, trabalhar mobilização e alongamento fazia parte de uma rotina obrigatória. A realização dos exercícios era bastante complexa porque os 3 anos de encurtamentos e atrofias do lado esquerdo de seu corpo resultaram em algumas deformidades. Eu estimulava muito seu braço para que ela voltasse a ter percepção daquela parte do corpo, assim poderíamos recuperar algumas de suas funções de membro superior.

Alguns estudos clínicos e científicos dizem que a neuroplasticidade ocorre principalmente de 3 a 6 meses após a lesão, então acredito muito que, quanto antes for iniciado o tratamento, maior a chance de reverter os danos.

O grande desafio, no caso de Bianca, era o fato de ser uma paciente com sequelas bastante antigas e graves, mas confiei na Fisioterapia. Era a história de uma paciente que, mesmo tanto tempo após um traumatismo cranioencefálico, tinha chance de recuperação. Acreditei que havia essa chance, e sua mãe também. Agora tinha que fazer Bianca acreditar em seu potencial. O maior desafio em seu tratamento era fazer com que ela confiasse em mim e, principalmente, em si mesma. Como, para a família, o que eu havia feito na avaliação tinha sido algo muito surpreendente, a expectativa deles era muito grande em relação ao tratamento, e eu queria superar essa expectativa.

Cada sessão era extremamente funcional. Bianca foi aumentando seu equilíbrio e percebendo a existência de seu lado negligenciado. Isso permitiu que a cada dia ela ficasse mais tempo em pé. O desenvolvimento desse equilíbrio estático é extremamente importante em um paciente, pois sem ele não há como desenvolver o equilíbrio dinâmico, que permite caminhar sem desequilíbrios e quedas. É fundamental deixar claro aos familiares e ao paciente que a recuperação ocorrerá gradativamente. Não é possível correr sem antes reaprender a andar.

Em aproximadamente um mês de tratamento, ela podia levantar-se sozinha e permanecer em pé sem apoio. Trabalhava com ela em frente a um espelho, incentivando-a a se olhar, perceber sua postura e seu corpo em sua totalidade.

A mãe filmava os exercícios todos os dias, registrando as evoluções e publicando-as em seu *blog*. As sessões eram sempre muito carregadas de emoção, por tudo o que a família havia passado desde o acidente; eu tentava ajudar Bianca a lidar com suas novas possibilidades, com suas expectativas pessoais e também com as trazidas pelas pessoas ao seu redor.

Termos um bom relacionamento foi fundamental ao tratamento, mas isso não quer dizer que não houve momentos de tensão. Em alguns exercícios, ela sentia dor ou ficava nervosa, o que fazia com que chorasse e gritasse muito. Eram momentos de histeria e eu lidava com eles com a naturalidade necessária. Prosseguia com os estímulos e insistia na necessidade de ela ter de levá-los a sério. Usávamos diversos aparelhos para trabalhar sua coordenação e equilíbrio, como a cama elástica e uma bicicleta que eu adaptava em sua cadeira de rodas. É um aparelho bastante interessante, pois, além do pedal, também possui uma manivela para trabalhar o movimento dos braços.

Eu não a deixava usar a cadeira de rodas durante as sessões, pois ela acabava refugiando-se no equipamento quando encontrava qualquer dificuldade. Muitas vezes, sou ousado no tratamento, mas acredito que essa é uma das características que fazem meu trabalho ter bons resultados.

Quando Bianca se recusava a fazer algum exercício ou a seguir caminhando, eu não a ajudava a voltar para a cama ou a cadeira. Se parava no meio do corredor, eu deixava de auxiliar seus passos, a amparava até o chão para que não caísse e a deixava ali até que ela resolvesse prosseguir com o tratamento. Não a estava maltratando, jamais negligenciaria um paciente. Utilizava esses artifícios porque percebi o quanto ela estava acomodada em sua recuperação. Foi a forma que encontrei para que saísse de seus momentos de rebeldia e inércia. Ela acabava por querer levantar-se e continuar o tratamento. Eram cenas difíceis de vivenciar, ela chorava, gritava, dizia que eu não podia fazer aquilo, mas eu sabia que a estava ajudando. Tive a sorte de ter o apoio de sua mãe. Sabia que a filha estava tendo bons resultados a cada dia e confiava que eu fazia o melhor para ela.

Eu senti que era necessário um "baque" físico e psicológico para que seu tratamento continuasse evoluindo. Ela estava em uma "zona de conforto", conformada em ser dependente das pessoas. Ela gritava que não conseguiria levantar-se do chão e eu fazia com que ela tentasse até seu limite. Por fim, ela conseguia e me abraçava. Por mais que ficasse nervosa em alguns momentos, acabava superando seus medos e isso certamente a fortaleceu para continuar lutando por mais resultados.

Depois de mais ou menos 2 meses, ela conseguiu dar seu primeiro passo sem se apoiar na parede ou em mim. Foi um dos grandes passos de sua vida. Quando começamos o tratamento, ela tinha um quadro grave de alteração motora e muitas sequelas, e, ainda assim, em pouco tempo, conseguiu soltar-se das paredes e dar um passo rumo a sua independência. Ela tinha medo, mas eu insistia que ela iria conseguir. Quando confiou e soltou-se da parede, vi que estava pronta. Ela se concentrou, fez um grande sacrifício e caminhou. Eu me sentei e chorei de alegria, ela chorou e sua mãe também não pôde conter as lágrimas. Esses momentos, essas conquistas pessoais, podem muitas vezes parecer pequenas para quem apenas lê esses relatos, mas tente imaginar o que é ser jovem e, de repente, não poder mais dançar, correr ou simplesmente tomar banho e ir até o banheiro sozinho. Tente imaginar o que é olhar para seu corpo e não o reconhecer como seu. Imagine agora como se sentiria depois de mais de 3 anos sentado em uma cadeira de rodas ou preso a uma cama e conseguir firmar-se em suas pernas e dar, finalmente, um passo, utilizando todas as suas forças. É isso que deve nos motivar a trabalhar todos os dias, para que momentos assim possam acontecer.

Trabalhamos muito para que seus passos fossem a cada dia mais seguros e firmes. Ainda que seu corpo permanecesse desalinhado, o caminhar estava mais coordenado e ela readquiria confiança em si própria. Comecei a andar com Bianca na área externa de seu prédio. Eu ficava sempre perto dela, atento a qualquer desequilíbrio.

Tivemos muitos momentos marcantes durante o tratamento, como quando saímos de seu prédio pela primeira vez. Fomos andando pelo *hall*, descemos as escadarias e caminhamos até a rua só com o apoio de uma bengala. Foi muito bom vê-la reencontrando seus vizinhos e, pela primeira vez desde o acidente, vendo de perto o porteiro de seu prédio. Ela nunca mais havia passado por ali, pois saía sempre de carro com sua família. Andamos pelas calçadas, o que certamente foi um novo desafio, com todas as irregularidades presentes, e atravessamos a rua algumas vezes, para que ela pudesse subir e descer da guia. Sua percepção estava bem melhor, não estava 100%, ainda havia uma alteração importante ali, mas ela evoluiu muito.

Conheci Bianca na cadeira de rodas, ela voltou a andar com dificuldade, com postura e coordenação diferentes do usual, mas estava andando. Caminhar na calçada, com todas as suas irregularidades e obstáculos naturais, demonstrava o quanto ela estava indo bem. Meu objetivo era que ela voltasse a ter uma vida o mais normal possível, dentro de suas limitações.

Seu braço teve algumas evoluções, em termos de percepção, e consegui reduzir parte da atrofia, mas não foi possível recuperar seus movimentos naturais. Foquei o trabalho na recuperação de suas funções. Os danos eram muito extensos e antigos.

Tive um relacionamento muito próximo e agradável com sua família. Por ter frequentado muito a casa por meses, acabamos nos tornando bastante próximos. Ela era minha última paciente do dia e, por isso, muitas vezes a família me convidava para comer uma pizza e conversar.

Com o tempo e com sua evolução, houve um desgaste natural em nossa relação. As sessões tornaram-se mais espaçadas e nos distanciamos até o momento em que seu atendimento passou a ser realizado por outros profissionais de minha equipe.

Espero sinceramente que ela esteja bem e que tenha evoluído ainda mais durante esses anos desde que a vi pela última vez.

Tenho a consciência de que ela melhorou muito durante o tratamento. Só o que me questiono repetidamente é o quanto mais eu poderia ter ajudado se estivesse com ela desde o hospital. Sua lesão era muito parecida com a de Marcos, na verdade, até a origem da lesão era similar. É uma pena as duas histórias terem um desenrolar tão diferente.

As sequelas de Bianca eram proporcionais ao tempo decorrido desde seu acidente. Infelizmente, o tempo não volta, mas ao menos tive a chance de dar a ela alguma autonomia. Não posso afirmar que ela ficaria como Marcos, mas certamente teria recuperado mais funções, pois não teria os encurtamentos e as deformações decorrentes de todo o tempo sem os estímulos necessários.

Revendo essas duas histórias, sinto que, mais importante que a emoção envolvida, é mostrar o quanto a Fisioterapia pode fazer por pacientes neurológicos. Um profissional capacitado certamente trará resultados condizentes com o que a Fisioterapia pode oferecer.

Eu, Rodrigo Peres, acredito em Deus, em minha mente, meu coração e minhas mãos. Aprendi isso com muito estudo, muito trabalho e experiência. Por isso, acho importante relatar cada um desses casos. Para mim, isso é Fisioterapia. É como uma religião com infinitas possibilidades.

Marcelo, 48 anos

Certa manhã, recebi um telefonema do neurologista com quem trabalhava há anos indicando-me um paciente. Era um caso bastante interessante do ponto de vista neurológico: um homem de 48 anos, em plena forma física, que fora atingido pela síndrome de Guillain-Barré.

Marcelo tivera alta hospitalar e passaria a fazer fisioterapia particular duas vezes ao dia. Pela manhã, seria atendido pela coordenadora de meu primeiro emprego e à tarde, por mim.

A síndrome de Guillain-Barré, também conhecida como polirradiculoneurite aguda, é uma doença desmienilizante caracterizada por uma inflamação aguda, com perda de mielina dos nervos periféricos, às vezes de raízes nervosas proximais e de nervos cranianos. São os nervos que nos trazem motricidade e sensibilidade, sendo assim, essa doença pode paralisar todos os músculos do corpo, inclusive o diafragma, nosso principal músculo respiratório.

É uma doença de evolução muito rápida e o paciente pode ver-se tetraplégico em questão de dias. Por outro lado, é uma doença de prognóstico positivo: tem cura e, ao mesmo tempo em que atinge rapidamente o paciente, suas sequelas podem ser revertidas após a crise ser controlada, caso seja realizado o tratamento adequado.

Fui até sua casa conhecê-lo. Era um homem forte e, pelo que pude entender em nossa conversa, bastante ativo. Não havia uma enfermeira na casa, apenas ele, seu pai e sua namorada.

Estava totalmente paralisado. Com exceção de seus olhos e língua, não era capaz de realizar nem um único movimento e estava muito fraco.

Durante sua avaliação, expliquei detalhadamente a doença e disse que o prognóstico era bom. Ele recuperaria seus movimentos se trabalhássemos com afinco e intensamente; ele concordou com um tratamento bastante intenso para que obtivéssemos resultados consistentes com a maior brevidade possível.

Ambos passamos a atendê-lo de segunda a segunda, ela de manhã e eu no começo da noite. Algumas vezes, eu acabava indo nos dois horários, o que nos aproximou ainda mais.

Conversávamos muito e ele contou-me sobre a evolução de seu quadro: entre descobrir a doença e ficar paralisado, passaram-se aproximadamente 2 semanas. Eu o conheci logo após a alta hospitalar, já em casa, mas soube que ficou aproximadamente 1 mês hospitalizado.

Seu caso foi bem acompanhado. Assim que começou a sentir fraqueza, ele procurou um médico, que pediu alguns exames para confirmar a doença. Por meio destes, chegaram ao diagnóstico de Guillain-Barré e excluíram a possibilidade de ser um caso de ELA (esclerose lateral amiotrófica), doença degenerativa bastante agressiva e, infelizmente, irreversível. Os sintomas iniciais das duas doenças são similares e detectar o quanto antes qual delas atinge o paciente é imprescindível.

Marcelo foi internado para monitorar o avanço da doença e evitar consequências mais graves. A evolução foi rápida. A cada dia, perdia parte de seus movimentos e, após 2 semanas, estava tetraplégico.

Após o diagnóstico de Guillain-Barré, não há como reverter o processo inflamatório em andamento. O paciente é medicado e acompanhado durante toda a evolução até a alta médica, mas não há nada a ser feito para impedir o avanço da doença. Por isso, o paciente em geral sai do hospital sem movimentos ou com a mobilidade bastante reduzida. Após a inflamação ceder, inicia-se o tratamento para recuperação de sensibilidade e motricidade. Os órgãos funcionam normalmente e a consciência é mantida.

Nesse um mês de internação, o peso de Marcelo diminuiu drasticamente: a perda de tônus muscular começou após apenas um dia sem estímulos. A fraqueza sentida por ele era intensa e bastante normal, em razão do longo período de internação e paralisia.

No início do tratamento, trabalhei muita mobilização, resistência e estimulação elétrica funcional (FES, os famosos "choquinhos" usados na fisioterapia), e induzi seu corpo a sentir seu peso novamente. Para isso, deixava-o sentado, ainda que sem controle de tronco. Eu o segurava, apoiava com almofadas e com minhas mãos. Pouco a pouco, fui aumentando a dificuldade de sustentação para fortalecê-lo.

Foi um trabalho minucioso, detalhista. Voltar a mover falange por falange de seus dedos, membro por membro com toda sua infinidade de movimentos. A cada conquista, era imposta uma nova resistência ao movimento para aumentar sua amplitude.

Marcelo ganhava novos movimentos em todas as sessões, aos poucos e com muito esforço. Trabalhei com muito cuidado, não podia negligenciar nenhuma possibilidade de movimento.

O fato de Marcelo ser um paciente bastante esforçado, que queria melhorar, pois tinha uma vida toda esperando por ele, colaborou muito com sua recuperação. Ele esforçava-se por fazer tudo o que era solicitado, treinava os movimentos e buscava sempre mais resultados.

Além do tratamento particular, havia um fisioterapeuta domiciliar de seu convênio médico. Ele trabalhava bastante alongamentos e mobilizações. Mais uma vez digo: apenas alongar não bastaria, mas era um complemento que certamente auxiliou em seu restabelecimento.

Passado algum tempo, por conta de compromissos pessoais e profissionais, minha colega, responsável pelos atendimentos matinais, acabou se afastando do caso e eu assumi também suas sessões.

Sua evolução foi muito rápida e logo passei a atendê-lo apenas uma vez ao dia. Foram aproximadamente 2 meses de tratamento até sua completa recuperação.

Conforme a inflamação foi diminuindo, aumentamos o trabalho de fisioterapia funcional, para que, quando ela cedesse totalmente, Marcelo tivesse tônus muscular, coordenação e equilíbrio para ficar em pé. Também fizemos muitos exercícios para recuperar todos os movimentos de seus braços e mãos. Realizamos um grande trabalho de fortalecimento desde as primeiras sessões.

A princípio havia uma perda de percepção de sua perna direita, mas, com muitos estímulos, ele se recuperou totalmente.

Foi um paciente que investiu em um tratamento intenso, três sessões diárias de fisioterapia, e, com isso, conseguiu recuperar-se ainda mais rápido do que o esperado.

Exploramos sua força dia a dia. Ele começou a ganhar controle de tronco sentado, a poder sustentar o corpo em pé (mesmo que ainda dependente de suporte) e sua satisfação foi muito grande, afinal, mesmo com um bom prognóstico, é muito difícil para o paciente (e acredito que para qualquer pessoa), de repente, estar totalmente paralisado.

Desde meu primeiro dia ali, eu o deixava em pé. O abraçava firmemente e brincava com ele: "Não vai se apaixonar, é só um abraço", porque, para seu corpo sentir novamente a sensação de estar em pé, eu tinha que segurá-lo dessa forma. Seu corpo permanecia inerte em meus braços, sem nenhum tipo de sustentação, mas precisava desse estímulo: estar em pé, ainda que totalmente amparado por outra pessoa.

Ele foi evoluindo a cada dia até aquele em que ficou sentado sozinho. Sentia muita tontura pelo tempo que permaneceu deitado, mas foi ganhando estabilidade ao longo das sessões.

A partir do momento em que ele conseguiu sentar-se, iniciei uma nova etapa de trabalho, dessa vez com o andador. A princípio, Marcelo ficou incomodado com o aparelho, mas expliquei que era apenas parte do processo, que não ficaria dependente de nenhum equipamento. Ele não conseguia levantar-se sozinho, mas se eu o colocasse em pé ele estabilizava o corpo. Travava os joelhos, apoiava-se no andador e sorria com a conquista.

Em pouco tempo, e com muito esforço, conseguiu levantar-se sozinho segurando no andador e deu seus primeiros passos. Logo deixou o aparelho e começou a apoiar-se apenas nas paredes. Os impulsos nervosos foram aumentando, assim como seu tônus muscular. Caminhava apoiado em mim até chegar perto do corredor e, desse ponto em diante, seguia amparando-se nas paredes. Era muito bonito ver a evolução desse caso, era como um renascimento.

Depois que ele estava em pé e começando a dar seus primeiros passos, o fisioterapeuta do convênio também passou a trabalhar com equipamentos como balancim, por exemplo. Fiquei feliz, era mais um estímulo para ele. Temos sempre que colocar o paciente e seu bem-estar em primeiro lugar.

Uma parte importante de seu tratamento eram os exercícios respiratórios para recuperar a capacidade de movimentos e a força do diafragma, afinal, de que adianta voltar a andar se não tiver fôlego para uma caminhada? Utilizei diversos métodos e equipamentos em seu tratamento. Passamos da cama elástica para a bicicleta ergométrica e, posteriormente, para os exercícios com bola. Logo, ele subia e descia escadas com facilidade e segurava objetos dos mais pesados aos mais delicados.

Suas sessões não eram emotivas como as de Bianca, afinal, era um homem mais velho e bastante seguro, mas, quando conseguiu dar seu primeiro passo, Marcelo emocionou-se. Voltar a andar é sempre muito marcante, não sei se é possível transmitir pelo menos uma parcela dessa sensação com palavras. Ser parte desse processo na vida dos pacientes, estar ali os amparando em seus primeiros passos é algo que não tem preço. É o que mais me motiva sempre.

Em seu tratamento, diferentemente do que ocorre com outras doenças, em quase todos os dias, alcançávamos resultados visíveis. Nossa empolgação era grande, uma alegria intensa. Seu processo todo foi consciente e dedicado. Ele foi, a cada dia mais, confiando em sua recuperação e lutando por ela. Não aceitava a ideia de ser dependente. Quando ele já estava bem melhor, começamos a caminhar pela rua e a dirigir seu carro.

Marcelo recuperou 100% de suas atividades. Seu caso teve uma grande diferença da maioria de meus atendimentos: não fui contratado por um familiar, e sim pelo próprio paciente. Apesar de paralisado, ele estava no controle de sua vida.

Chegado o momento de sua alta, eu o acompanhei até uma academia de musculação e conversei com o profissional responsável, orientando o que era o ideal para ele.

Após o final do tratamento, saímos juntos algumas vezes para jantar e para bares com nossas namoradas. Marcelo transformou-se em um grande amigo. Durante os quase 2 meses de terapia diária, conversávamos bastante, a relação de confiança que se desenvolveu foi muito grande, e ficamos muito próximos.

Quase 2 anos depois, ele me convidou para seu aniversário de 50 anos. Sua vida estava totalmente recuperada. Fui até a festa, era em um bar de *rock*, e ele estava muito alegre, cercado de amigos. Recebeu-me com muita alegria, contava para todos os presentes que eu o tinha feito voltar a andar. No meio da festa, eu o vi dançando alegremente, com todos os seus movimento recuperados.

Ele ter acreditado que valia a pena foi fundamental para a sua recuperação. Graças ao tratamento intensivo e à sua dedicação, não teve nenhum encurtamento ou sequela.

Marcelo começou o tratamento nos meus braços, sem nenhum controle, e voltou a ser totalmente independente. Mais que isso: retomou todas as suas funções e atividades rotineiras. Ele confiou muito em mim, havia uma empatia grande entre nós. Ele se dedicou e conseguiu atingir seus objetivos. Vê-lo voltando à vida, subindo e descendo as escadas, saltando na cama elástica, dirigindo seu carro e, por fim, dançando em sua festa de aniversário foi incrível. Temos que buscar a qualidade de vida e a recuperação de movimentos e atividades diárias de nossos pacientes, mas nem sempre conseguimos resultados tão grandes e visíveis. Marcelo valorizou e acreditou na fisioterapia, investiu em um tratamento intenso e dedicou-se até estar 100% recuperado.

Há pouco tempo, reencontramo-nos por acaso. Ele me viu e abraçou-me. Fazia tempo que não o encontrava e é muito gratificante relembrar tudo o que passamos durante o tratamento e perceber o quanto aprendi com ele.

Luciana, 39 anos

Minha história com Luciana começa como tantas outras, por indicação da dra. Adriana Saad.

Em seu telefonema, como de costume, resumiu o quadro da paciente. Soube que Luciana era jovem, tinha sofrido um AVC e, de acordo com seu prontuário, havia utilizado cocaína, apesar de negar tal fato. Não conseguia movimentar o lado direito de seu corpo e sairia do hospital naquele dia, pois tinha recebido alta médica.

Quem entrou em contato comigo foi seu irmão, em cuja casa ela ficaria até se restabelecer. Ele pediu para marcarmos uma avaliação e fui até lá a conhecer. Era uma casa grande e, quando cheguei, fiquei surpreso, pois havia muitos familiares reunidos, inclusive seu filho, um menino de 5 ou 6 anos de idade, assustado ao ver sua mãe tão diferente do que estava acostumado.

Fui para um local um pouco mais reservado com Luciana, seu irmão e uma tia. Seu pai não estava presente e sua mãe já começava a apresentar problemas de perda de memória.

Conversamos bastante, contaram-me que foram quase 2 meses de internação na UTI e olhei os exames anteriores para identificar a região afetada pelo AVC. Não deram detalhes sobre o que causou aquela situação e não achei prudente questionar sobre o uso de cocaína, para não criar um bloqueio com Luciana já em um primeiro contato. Precisava que ela confiasse em mim para poder realizar uma boa avaliação e posteriormente um tratamento com bons resultados.

Fiquei lá por aproximadamente 2 horas. Acho que a avaliação tem que ser uma demonstração de tudo o que podemos oferecer. É o momento em que o paciente e seus familiares nos conhecem e acreditam ou não em nossa capacidade de fazer algo por eles.

É importante saber o histórico médico (realizando a anamnese com o paciente, quando possível, ou com sua família) e, por meio do exame físico, o que ele consegue fazer, o que não consegue e o que faz com dificuldade.

Fiz a avaliação completa, o que, no caso dela, consistia em testar equilíbrio de tronco, equilíbrio em pé, equilíbrio andando, coordenação, se arrastava ou não a perna afetada ao andar, se podia mover o braço e a mão, qual a amplitude de seus movimentos, quais reflexos estavam alterados, se dependia do apoio de andador ou bengala, como estava seu tônus muscular, se havia atrofias e qual sua percepção do próprio corpo.

Após finalizar o exame, expliquei que o quadro era típico de um pós-AVC, quando é aceitável ter uma alteração total de membro superior e inferior no lado afetado, que, neste caso, era o lado direito. Disse a eles que havia muito a ser feito e que o tratamento adequado seria realizar a fisioterapia todos os dias até a sua melhora. Falamos sobre o valor das sessões e eles ficaram de telefonar caso decidissem realizar o tratamento comigo.

Tinha um andador em meu carro e deixei emprestado para eles, independentemente de optarem por contratar-me ou não. Sabia que seria útil para ela e eu não estava usando o equipamento.

Não me lembro se foi nesse mesmo dia ou no dia seguinte que retornaram confirmando que fariam o tratamento comigo. No dia seguinte ao telefonema, fui à casa de seu irmão pronto para iniciar as sessões e passei a atendê-la de domingo a domingo.

Luciana tinha apenas 39 anos. Não é frequente a incidência de AVC em pacientes jovens. A grande questão aqui era a causa e seu histórico de usuária de drogas, mais especificamente de cocaína, fator que talvez possa ter causado uma isquemia impedindo a passagem do sangue em determinada artéria, podendo haver a formação de um edema – quadro que as pessoas chamam popularmente de "derrame". Dependendo da região atingida, pode haver sequelas motoras, de sensibilidade e, se for uma região do tronco cerebral e atingir o bulbo, afetar a respiração, sendo este um dos casos mais graves. Quais as causas mais comuns? Picos de pressão alta (hipertensão), estado geral das artérias que podem estar danificadas, diabete e fatores secundários, como tabagismo, alcoolismo, uso de drogas e obesidade.

Nesse caso, o AVC foi associado a uma *overdose*. Luciana sempre negou o fato de ter usado cocaína, não aceitava, mas a presença da droga foi constatada por exames no hospital. Eu nunca tinha tido nenhum caso similar. Todos os meus pacientes vítimas de AVC tinham acima de 60 anos.

Era um novo desafio; quando uso essa palavra, penso em algo que nunca fiz e quero realizar. Não penso em não conseguir, e sim em como conseguir. Sempre fui muito otimista com relação ao que a Fisioterapia pode proporcionar aos meus pacientes e acho que isso me trouxe a confiança necessária para tratá-los. Eu acreditava que ela melhoraria e confiava em meu trabalho, então começamos a trabalhar com garra.

Como ela tinha um bom prognóstico, comecei de forma muito intensa. Coloquei o andador desde o princípio, na verdade, desde a sua avaliação. Ela andava puxando a perna direita, o que é típico de pacientes pós-AVC. Desequilibrava-se, precisava de alguém do lado para ampará-la e, principalmente, para estimular sua confiança. Eu trabalhava com ela como se fosse uma barra paralela móvel, o tempo todo ficava à sua volta para que ela sentisse que poderia se apoiar, caso fosse necessário.

Andamos desde o início, fazendo exercícios em pé. Ela tinha o apoio da perna, só não tinha a mobilidade necessária. A perna direita não dobrava e ela não conseguia coordenar seus movimentos. Como apresentava dificuldades para se levantar, ensinei a ela novas formas para conseguir fazê-lo sozinha. Sempre falo para os familiares de meus pacientes: não ajudem logo que eles dizem que não conseguem fazer algo. Eles têm de tentar e esforçar-se primeiro, pois esse esforço, mesmo que não gere um resultado aparente, está estimulando a função. Só é possível saber que não se pode fazer algo depois de ter tentado. Se ela tentar e conseguir elevar o tronco em 5 cm, já é um ganho. Temos que ajudar a partir desse ponto e estimular o paciente a ganhar cada vez mais altura e impulsão. Dessa maneira, há o envio de um estímulo para o cérebro. Se cortarmos esse estímulo inicial, estamos impedindo a evolução e o desenvolvimento dos movimentos. Se um paciente fizer um pouco de força e eu ajudá-lo a completar o movimento, sou um facilitador, e é isso que o fisioterapeuta precisa ser. É necessário estimular a recuperação do movimento e facilitar sua realização. Claro, isso muda a cada caso e devemos ter bom senso. Se tenho um paciente paraplégico, não vou esperar que ele faça o movimento, trata-se de uma outra situação e é necessário ter sempre em mente que nenhum caso é igual ao outro.

Trabalhava com Luciana exercícios para melhorar sua visão, pois ela apresentava um quadro de diplopia, ou seja, via as imagens duplicadas.

Para realizar um bom trabalho, é importante conhecer e incentivar o paciente e realizar reavaliações em todas as sessões, para conhecer a fundo sua evolução, suas conquistas e dificuldades.

Pacientes vítimas de AVC em geral negligenciam o lado afetado, pois, além da falta de movimento, pode haver falta de sensibilidade. O paciente tende a inclinar o tronco em direção ao lado afetado e não percebe a realização desse movimento. Caso haja essa perda de sensibilidade perceptiva, os estímulos devem ser intensos e direcionados para que o paciente volte a perceber a existência desse lado do corpo e então consiga recuperar as funções de seus membros. É muito difícil as pessoas entenderem que, para o paciente sem a sensibilidade perceptiva, o lado afetado não existe. É como se o corpo acabasse onde acaba a sensibilidade. Se você pedir para o paciente olhar para esse lado de seu corpo, ele não vai reconhecê-lo como seu.

A primeira orientação para familiares de pacientes que sofreram AVC é: converse sempre com a pessoa pelo lado que apresenta as sequelas, mesmo que, em um primeiro momento, o paciente não consiga compreender suas palavras e não veja você ali. Você o estimulará a não negligenciar parte de seu corpo, pois seu cérebro receberá informações que o ajudarão pouco a pouco a notar a presença desse hemisfério negligenciado. É uma pena que a maioria das pessoas não receba essa orientação e, como tendência natural, para facilitar a comunicação e as atividades do paciente, realize todas as atividades do lado cujas funções foram preservadas. Já mudei os móveis de muitas casas para que as pessoas, familiares e visitantes, fossem forçadas a aproximar-se do paciente pelo lado negligenciado. Vai haver dificuldade? Sim, mas isso o ajudará em sua recuperação. Faz parte do trabalho do fisioterapeuta domiciliar olhar o ambiente e promover as adaptações necessárias, ainda que muitas vezes as pessoas não compreendam essa necessidade em um primeiro momento.

No caso de Luciana, o lado direito era parcialmente negligenciado. Aos poucos, ela o reconhecia como parte de seu corpo, mas não tinha consciência corporal. Logo que introduzi o andador, ela tentou criar uma barreira ao seu uso, justificada pela ausência de movimentos em seu braço direito. Expliquei que sua mão ficaria posicionada com uma faixa, para dar apoio e poder estimular o braço. Ela conseguia mover a perna de forma bastante rudimentar e descoordenada, mas, com o suporte do andador, começou a dar pequenos passos.

Tinha movimento de cintura escapular e trabalhávamos os movimentos de cintura pélvica para conseguir a dissociação entre as cinturas, necessária ao caminhar. Se, em vez de trabalhar com um andador, eu desse a ela uma bengala, estaria incentivando-a a negligenciar novamente seu lado afetado: ela usaria a bengala do lado funcional e apenas arrastaria o outro. Com o andador, ela foi obrigada a ter suporte dos dois lados. O braço é plégico? Basta posicioná-lo para que ele seja estimulado a se mover e a apoiar a pessoa. Ainda assim, Luciana tinha dificuldades para se mover e eu a ajudei a levar o andador, mas ela acabou aprendendo a se segurar a ele e isso levou o membro afetado a ter pequenas reações, ainda que imperceptíveis em um primeiro momento.

Usando o andador, também evitamos a postura clássica de pacientes que sofreram AVC: o braço pendurado ao longo do corpo. Muitas vezes, esse posicionamento acaba provocando uma subluxação de ombro, causando a "síndrome do ombro doloroso", muito comum nesses pacientes.

É muito importante, na fisioterapia neurológica, não deixar de estimular os membros superiores dos pacientes. Em geral, o trabalho fica totalmente voltado a fazer o paciente voltar a andar e acaba deixando de lado a recuperação dos movimentos dos braços e das mãos, tão importantes para a vida diária das pessoas.

Eu trabalhava com Luciana em uma mesa de vidro. Sentávamos-nos frente a frente, eu imobilizava o braço funcional e apoiava seu braço direito sobre a mesa. A cada dia, trazia novos objetos para que ela tentasse segurar. No começo, eram figuras grandes e maciças, embora leves. Ela mal conseguia mover os dedos, mas esforçava-se para, de alguma maneira, tocar os itens que eu lhe mostrava.

Objetos grandes obviamente são mais fáceis de pegar, então iniciei o trabalho com eles e usava formatos variados para estimular sua coordenação. Quando você perde totalmente os movimentos, eles vão voltando no sentido natural do movimento, do proximal ao distal, ou seja, você recupera primeiro os movimentos do ombro, depois do braço e do antebraço e, por último, da mão.

Inicialmente, ela conseguia apenas um minúsculo dobrar de um dos dedos. E, se era isso o que tínhamos, começamos o trabalho ali, oferecendo resistência a esse dedo para que seu movimento ganhasse amplitude. Fizemos isso com todos os dedos. Quando ela conseguiu começar a segurar objetos, foi uma primeira vitória. Ela chorava quando não conseguia realizar os movimentos antes tão banais, como segurar uma caixa de papel. Sentia-se incapaz e eu conversava muito com ela, incentivando seus movimentos e esforços. Esse sempre foi um grande diferencial que certamente auxiliou em muitos de meus atendimentos: conversar com os pacientes, tentar entender suas dificuldades e sentimentos, e encorajar seus pensamentos e ações.

Eu utilizava todos os métodos possíveis para que ela começasse a ter reflexos. No princípio, parecia que não estava havendo nenhuma reação, mas os estímulos estavam se acumulando e o organismo passou a reagir internamente. Chegaria o momento em que as respostas começariam a se tornar visíveis.

Luciana muitas vezes ficava nervosa durante os exercícios e gritava, chorando e pedindo para parar. Temos de lembrar que ela, apesar de não admitir o uso de drogas, passava por dois momentos delicados: o tratamento para recuperação de sua autonomia e um processo de desintoxicação que a levava a crises de abstinência.

Tínhamos quase a mesma idade, o que nos aproximou e ajudou a progredir no trabalho. Ela foi evoluindo, conseguindo ganhar movimentos dia a dia até que conseguiu pegar uma moeda na mesa de vidro, o que era extremamente desafiador. Foi a recuperação da coordenação fina, constituída pelos movimentos mais difíceis de se realizar, e ela conseguiu.

Sua marcha e seu equilíbrio foram melhorando. Usava o andador em casa, mas treinava para ser independente. Ela gritava: "Eu vou cair! Vou cair! Vou cair!" e eu não a segurava, apenas mostrava que estava ali, mas a deixava recuperar sozinha seu equilíbrio.

Certo dia, animado com seus resultados, levei um copo de plástico descartável com água para ela treinar. Após alguns momentos em que ela se irritou por amassar o copo e derramar a água, ela conseguiu. Derrubou parte da água durante o movimento, mas levou o copo até a boca e bebeu água sozinha, utilizando sua mão e seu braço direitos. Foi emocionante, uma grande conquista! Ela chorava e ria, feliz por realizar um movimento antes tão natural e que, de repente, havia se tornado impossível. Para essa ação, tão automática para a maioria de nós, ela precisou mexer seu ombro, seu braço, antebraço e mão, lembrando que ela não tinha praticamente nenhum movimento do lado direito do corpo logo após o AVC.

A evolução de seu braço foi espetacular. Muitas pessoas fornecem estímulos por uma semana e, por não conseguirem visualizar respostas, desistem. O resultado estava ali, acontecendo. A chance de atingir uma resposta a longo prazo é grande, basta insistir e confiar no trabalho desenvolvido. Os movimentos do braço e da mão são os mais especializados, requerendo estímulos por mais tempo e de modo mais específico.

Luciana começou a levantar-se sozinha após um período intenso de treinos. Começamos com assentos mais altos e fomos gradualmente diminuindo a altura e a firmeza das superfícies utilizadas. O dia em que ela se levantou do sofá foi uma grande vitória. Sempre aumentávamos o grau de dificuldade e, quando ela conseguiu se levantar totalmente sozinha, levou seus familiares às lágrimas. Ela não conseguia sentar-se sozinha e, de repente, conseguia levantar-se sem apoio do sofá.

Trabalhamos intensamente para que ela recuperasse seu tônus muscular. A evolução continuou até que ela passou a andar sozinha. Luciana e eu nos abraçamos e choramos ao perceber o quanto ela estava melhor.

Já mais segura em seus passos, Luciana caminhava comigo na rua em frente à casa de seu irmão. Ela cansava por conta dos desníveis e obstáculos, e eu a estimulava a se sentar na guia para descansar. Era mais um exercício, a guia era baixa e sentar ali exigia muito de suas pernas, mas ela precisava conquistar novamente esses movimentos. Eu mostrava para seu cérebro os obstáculos da vida real.

Acredito na importância de estimular o paciente a desenvolver as atividades que realizava antes: ela, por exemplo, costumava lavar louça em sua casa, então lavamos louça muitas vezes juntos. Com essa atividade, trabalhava o movimento das mãos, sua sensibilidade e destreza. Além do mais, como ela fazia isso antes, tem uma memória dessa ação, pois, quando vai realizá-la novamente, sente dificuldade, mas é como se acordasse algo na pessoa que auxilia na recuperação desses movimentos.

A fisioterapia domiciliar permite trazer estímulos reais ao paciente. O ambiente não é simulado e podemos trabalhar atividades como abrir e fechar a geladeira, pegar objetos com diferentes texturas e pesos, comer com talheres de verdade, escovar os dentes, abrir e fechar torneiras, etc. É muito importante retomar esses movimentos.

Luciana saiu da casa do irmão e foi morar na casa do pai quando já estava melhor. A perna estava muito boa, mas, como o braço ainda não estava totalmente recuperado, continuamos trabalhando juntos.

Muito trabalho, muitas vitórias. Um dia, eu lhe disse: "hoje, vamos andar de carro". Pedi a ela que abrisse a porta e entrasse em meu carro pelo lado do motorista. Ela ficou apreensiva, mas fez o que pedi. Teve dificuldade em colocar a chave no contato e ligar o veículo, mas o fez.

Sabia que ela estava bem melhor, sua visão estava boa, sua marcha e seu braço quase totalmente recuperados. Ainda era possível notar algumas sequelas, mas já estava quase independente. Após ligar o carro, pedi que pisasse de leve no acelerador, estava trabalhando os movimentos de seu pé, o controle em pisar com maior e menor força.

Disse para soltar o freio de mão. Foi muito difícil, mas ela conseguiu. O que fiz a seguir não foi planejado. A princípio, ia apenas fazê-la sentir como era estar novamente em um carro, mas ela estava indo muito bem.

Luciana colocou o cinto de segurança e pedi que ela engatasse a primeira marcha e saísse com o carro. Ela ficou bastante assustada, olhando para mim sem acreditar no que eu dizia. Insisti e ela saiu com o carro sem deixá-lo morrer. A rua de seu pai era uma reta enorme e tranquila e ela seguiu adiante, devagar. Permiti que ela mudasse para a segunda marcha e depois para a terceira, acelerando aos poucos.

Ela manobrou o carro, seu olhar estava focado e concentrado como eu não havia visto em nenhuma outra ocasião. Começaram a escorrer lágrimas de seus olhos, e eu a fiz voltar com o carro até a porta da casa de seu pai. Choramos juntos de tanta alegria por aquele momento compartilhado. Foram 3 meses de tratamento e ela sentiu que finalmente estava de volta ao mundo que antes conhecia.

Eu podia ter feito com que ela dirigisse o próprio carro, mas entreguei em suas mãos meu carro novo. Mostrei a ela o quanto confiava em seu potencial e estimulei sua coordenação, seus movimentos, sua percepção, seu raciocínio, seus reflexos e, mais do que tudo, sua autoestima.

Foi uma grande vitória em minha vida. Nunca trabalhei tão intensamente e tive tantos resultados com um paciente com sequelas de AVC. Muitos não chegam a recuperar seus movimentos de braço e é muito difícil ter tantos ganhos, principalmente em tão pouco tempo.

Já na fase final do tratamento, ela conquistou liberdade e autonomia suficientes para voltar para sua própria casa. Começamos a estimular ainda mais sua volta aos movimentos cotidianos.

Foi muito bom ter a oportunidade de trabalhar aqueles pequenos movimentos que ainda estavam alterados. Nós nos tornamos amigos e, às vezes, ao final da sessão, acabávamos comendo um lanche juntos, confraternizávamos com suas amigas.

Acho que um dos nossos momentos mais marcantes aconteceu por uma coincidência. Relembrando a época em que trabalhei com eventos, aluguei uma fantasia de coelhinho da Páscoa para animar um sobrinho. Comentei com Luciana e ela, um pouco sem graça, perguntou se eu não poderia ir até a sua casa fantasiado para alegrar seu filho. Ele era pequeno e passou por uma fase muito difícil com tudo o que aconteceu, não entendia muito bem, mas a mudança em sua vida foi muito grande durante os últimos meses. Eu falei que iria, não tinha problema. Arrumei-me e fui ver o menino. Cheguei brincando, fazia uma voz diferente da minha e ele ficou muito emocionado, encantado de ver o coelhinho ali. Ela chorou de felicidade ao ver o filho feliz depois de tanto tempo. Foi incrível poder fazer isso por eles de todo o coração.

Sua alta do tratamento foi bastante natural. Ela estava bem e combinamos que, se precisasse de algo, me procuraria. Houve uma ocasião em que ela achou que seu pé não estava bem e a orientei a procurar uma academia na qual houvesse um fisioterapeuta para fazer musculação e fortalecer seu corpo, e foi tudo muito tranquilo. Nós nos falávamos às vezes, mas era mais raro. O mais importante ela conseguiu: poder cuidar novamente de seu filho. Essa foi sua maior conquista.

Passado algum tempo, recebi um telefonema seu bastante nervoso. Sua mãe, que já estava vivendo um processo de perda de memória quando nos conhecemos, havia sido internada por um problema no ombro e, ao voltar para casa, não se levantou mais da cama. Esqueceu que poderia andar. Luciana chorava ao telefone, dizia que confiava em mim e gostaria que eu ajudasse sua mãe, que a visse para saber o que poderia fazer por ela.

Fui até lá a avaliar e lembro-me de que falei com a irmã dela pelo telefone. Seria seu aniversário em uma semana e ela brincou: "Bem que você poderia me dar esse presente, ajudar minha mãe a voltar a andar!". Eu me senti desafiado e disse que tentaria. Era difícil ajudá-la, pois ela não conseguia lembrar-se nem do que eu havia dito minutos antes. Ficava em pé com ajuda, mas caía se eu a soltasse. Ela não andava, pois perdera a iniciativa de levantar-se e caminhar.

Comecei a atendê-la em seguida. Fiz tudo o que podia: a colocava em pé, provocava seu desequilíbrio, treinava caminhadas a sustentando em meus braços e fui soltando-a lentamente, como fazemos com uma criança que está aprendendo a andar de bicicleta. Quando eu menos esperava, ela se equilibrou, voltou a andar e não parou mais. E ela andou exatamente no dia do aniversário da filha!

Sou muito grato a essa família: confiaram em mim duas vezes e, graças a Deus, pude retribuir essa confiança cumprindo meu papel como fisioterapeuta.

Fisioterapia e ética

AO LONGO DESTE livro, muitas vezes perguntei-me se deveria ou não escrever este capítulo. Apesar de ter compartilhado histórias de minha infância e diversos episódios da minha vida, expor um momento tão pessoal e ainda recente é difícil, mas considerei que por meio dele poderia expressar com maior clareza o fundamento de minha relação com a Fisioterapia: a confiança em seu poder de recuperar as pessoas.

A maior parte dos pacientes que atendi até hoje em minha carreira foi de casos de AVC. Minha experiência no tratamento dessa lesão e de suas sequelas é significativa dentro de tudo o que fiz até hoje e, consequentemente, tenho consciência do que um AVC quer dizer na vida de uma pessoa, sobretudo quando falamos de idosos.

Existe uma máxima popular que diz: "a ignorância é uma benção". Bastaram alguns momentos para que eu pudesse compreendê-la – eu, que sempre defendi o estudo e o conhecimento, por alguns instantes, quis não ter a consciência do que estava acontecendo.

Em agosto de 2013, minha avó sofreu um AVC bastante severo. Saber tudo o que poderia acontecer foi bastante assustador, pois, além do medo de perdê-la, sofria ao pensar nas possíveis sequelas que ela poderia ter.

Minha avó é uma pessoa muito especial. Não conheço ninguém que não se encante com seu jeito simples e, ao mesmo tempo, tão carinhoso. Meu saudoso avô faleceu há muitos anos, e ela, que já era tão presente em nossas vidas, acabou aproximando-se ainda mais de todos nós. Morava em um apartamento na mesma rua de minha mãe e nos encontrávamos constantemente. Sempre fui muito ligado a ela. Passei anos almoçando todos os dias em sua casa quando trabalhava com meu avô em sua oficina. Gostava de ouvir as histórias que ela tantas vezes contava de sua juventude. Que privilégio foi crescer ao seu lado!

Foi tudo muito rápido, lembro-me de *flashes* daquele dia. Era um domingo e estava em casa. Há exatamente uma semana, minha avó estivera ali conhecendo o quartinho de minha filha Rafaela, ainda recém-nascida. Lembro-me de sua alegria e de como ficou encantada ao rever sua bisneta.

No dia em que tudo aconteceu, grande parte de minha família estava reunida em sua casa e, quando meu irmão me ligou para dizer o que estava acontecendo, fiquei meio anestesiado por alguns instantes.

Telefonei para o neurologista com quem tanto trabalhei e em quem confio muito e ele me orientou. Seguindo suas instruções, pedi a meu irmão que a levasse ao hospital imediatamente, que não esperasse a remoção por ambulância, pois, nesses casos, o atendimento tem de ser feito com a maior brevidade possível. Era como se aquilo não estivesse acontecendo. Fazia tudo por instinto, quase sem raciocinar.

Cheguei ao hospital ao mesmo tempo que ela. Não sei explicar o que senti ao vê-la, mas minha reação imediata não foi a de um neto desesperado. Assumi uma postura extremamente profissional, busquei a médica que estava prestando o primeiro atendimento dela e inteirei-me de seu estado e do que estava sendo feito.

Procurei focar o tempo todo no que tinha que ser feito. Evitava outros pensamentos para poder estar integralmente presente. Queria que ela recebesse o melhor tratamento possível, pois sabia o quanto essas primeiras horas eram decisivas na vida de um paciente.

Ver minha mãe chorando e minha família tão consternada com a situação era desconcertante e tomei a decisão de não dar a eles minhas opiniões profissionais naquele momento. Tive medo de ter uma postura pessimista – embora realista – por tudo o que vi ao longo dos anos e sabia o quanto já estavam fragilizados. O sogro de meu irmão havia falecido após um AVC há apenas 2 meses e isso marcou muito a todos. Para a maioria de meus familiares, o AVC significava uma sentença de morte e eu não sabia se teria força suficiente para tranquilizá-los.

Acredito que todos os que veem na TV e nos jornais notícias de pacientes que esperam horas por atendimento se revoltam. Imagine quando isso ocorre com um ente querido? Minha avó tinha um convênio médico e a levamos para o hospital ao qual ela tinha direito, mas, hoje, penso que deveríamos tê-la levado para outro hospital, ainda que fosse preciso pagar por ele. Nunca poderia imaginar que o atendimento demoraria tanto! Se ela tivesse sido levada a um hospital renomado certamente teria recebido o tratamento trombolítico em menos de 1 hora após o AVC, e não depois de quase 4 horas como aconteceu ali. Essa medida poderia ter evitado suas sequelas ou ao menos tê-las tornado menos graves.

Não consigo compreender o porquê de terem mantido minha avó por 4 horas no pronto-atendimento antes de interná-la na unidade de terapia intensiva (UTI). Ficaram aguardando resultados de exames para confirmar um diagnóstico que era bastante evidente. Ainda que desejassem tirar alguma dúvida, deveriam tê-la encaminhado à UTI para a realização dos exames. Quando ela finalmente foi transferida, a primeira providência do médico intensivista foi a aplicação do trombolítico, ou seja, se ele tivesse a atendido desde o primeiro momento, certamente ela teria recebido o tratamento adequado a tempo.

Quando minha avó foi levada para a UTI, os médicos solicitaram a presença dos filhos. A maior parte de minha família foi ao hospital. A médica responsável por seu primeiro atendimento não acreditava que minha avó resistiria. Pensar que ela talvez não sobrevivesse era assustador, mas, apesar de suas palavras, tive de me controlar. Ela me disse que a Fisioterapia não poderia ajudar neste caso e fiquei extremamente chocado com esse posicionamento. Não contestei para não me indispor com a médica. Precisava daquele canal de comunicação.

Acho lamentável a postura de muitos médicos dizerem que não há nada que possa ser feito sem antes utilizar todos os recursos disponíveis. Deveriam lutar até o fim pela vida de seus pacientes e por sua recuperação. Sempre digo aos fisioterapeutas a importância de oferecer o melhor tratamento existente aos pacientes e isso se aplica também aos médicos, principalmente aos dos pronto-atendimentos dos hospitais.

Estive presente todo o tempo, fiz tudo o que estava ao meu alcance para acelerar os procedimentos do hospital, mas, mesmo assim, sinto por ela não ter recebido o atendimento adequado nas primeiras horas.

Minha emoção veio depois, quando finalmente pude parar. Lembro-me de que pensei: "talvez ela não fale mais", "talvez ela não volte a andar...". Foi muito doloroso pensar nessas possibilidades tendo vivenciado tantos casos similares ao dela. Nunca pensamos que pode acontecer em nossa família.

Estava magoado e com medo do que viria pela frente. Pedi à doutora Sissy que fizesse uma avaliação do caso. É certamente a opinião em que mais confio em fisioterapia neurológica. Ela foi até o hospital, viu minha avó e conversou com a fisioterapeuta que a atenderia durante a internação e que, por uma feliz coincidência, era uma de suas ex-alunas de pós-graduação. Essa intervenção foi muito importante para mim e para que minha avó recebesse um tratamento adequado às suas necessidades.

Antes de ir embora, ao final de nossa conversa, ela disse: "Rodrigo, você não deve atender sua avó. Pode até coordenar o tratamento, mas não será você o fisioterapeuta a tratá-la".

Não foi fácil ouvi-la. Eu tive resultados muito positivos ao longo de minha carreira, atendendo pacientes que tiveram AVC e, no momento em que era a minha avó quem estava ali, minha mestra, a pessoa cujas orientações segui desde a universidade, dizia que eu não deveria atendê-la.

Minha avó passou uma semana internada e, durante todo esse período, houve em minha mente e em meu coração um embate: o Rodrigo profissional contra o Rodrigo neto da paciente. Lutava porque sabia que se me entregasse à emoção teria dificuldades em acompanhar seu caso, que certamente foi o mais importante de minha vida.

Quando ela teve alta, tive que tomar minha decisão quanto ao seu atendimento. Era importante darmos continuidade às sessões de fisioterapia para que ela seguisse tendo resultados em seu processo de recuperação. Sabia que deveria seguir o que me foi recomendado, inclusive por ter sentido que surgiu uma barreira entre meu lado profissional e pessoal, que impedia que eu a tratasse. Sei também o quanto para ela seria desconfortável ser tratada pelo próprio neto. Minha avó já tinha bastante idade e nossa relação, além de muito amor, sempre envolveu um grande respeito. Não a forçaria a uma situação que pudesse lhe causar ainda mais sofrimento.

Considero essa a decisão mais desafiadora de minha carreira. Saber que minha avó teve um AVC, a doença que mais tratei, e não poder fazer por ela o que fiz por tantos pacientes foi doloroso, mas entendi que deveria ser ético e profissional o suficiente para delegar seu tratamento a outros profissionais. Nessa hora, falou mais alto meu amor pela Fisioterapia e o tamanho de minha confiança no poder dessa ciência. Apesar de atender e ter sucesso no tratamento de meus pacientes, sempre tive em mente que isso ocorria graças às inúmeras possibilidades de minha profissão.

Deveria ser uma tarefa simples indicar um fisioterapeuta neurológico. Em um cenário ideal da profissão, bastaria consultar uma lista de nomes e escolher um que atendesse preferências pessoais, já que, no caso de minha avó, havia a preferência por profissionais do gênero feminino, em virtude de sua idade e de seus pudores.

A vida real é bem diferente. Infelizmente, nem todas as pessoas que cursam Fisioterapia podem ser consideradas fisioterapeutas no sentido mais pleno da palavra. Há profissionais desmotivados a ponto de não realizarem os atendimentos pensando no paciente. Muitos, por comodidade ou por falhas em suas formações, acabam utilizando sempre um mesmo protocolo de tratamento, sem levar em conta o fato de que todo paciente é único, bem como sua resposta ao tratamento.

Sei, e tenho claro para mim, o que a Fisioterapia é capaz de fazer pela vida de uma pessoa. Pude comprovar na prática o quanto essa ciência é incrível. Eu acredito na Fisioterapia e em seu potencial e sei que é ela a responsável por tantos casos de sucesso e recuperação que passaram em minha vida, e foi dessa certeza que tirei forças para seguir a orientação recebida e buscar um profissional para atender minha avó.

Indiquei, para seu tratamento, duas profissionais que trabalhavam comigo na Central da Fisioterapia, porque sabia que eram pessoas com as qualificações necessárias, com conhecimento técnico suficiente e trabalho humanizado; certamente, elas utilizariam a Fisioterapia de verdade como ferramenta para sua recuperação. Sabia que tratariam minha avó com o cuidado, o respeito e a atenção necessários.

Somos muito exigentes com os profissionais que trabalham conosco, tanto com relação à sua formação teórica e prática quanto com seu perfil e visão da profissão. Queremos profissionais que gostem de seu trabalho, que o realizem com amor e dedicação suficientes para oferecer aos pacientes o melhor tratamento disponível. Sabia que, escolhendo fisioterapeutas de nossa equipe, ela seria atendida dentro do que considero ideal. Confiei nas profissionais escolhidas, mas acreditei, acima de tudo, na Fisioterapia.

Eram três sessões de fisioterapia diárias: de manhã, no meio da tarde e no começo da noite. No período da tarde, quem a atendia era um fisioterapeuta enviado pelo convênio. Tivemos sorte, era um rapaz muito dedicado e, apesar de não ser especializado na área, trabalhou com muito empenho. As outras sessões eram responsabilidade das fisioterapeutas que selecionei.

O processo de readaptação de minha avó à sua vida após a alta hospitalar não foi fácil. Ela sempre foi muito independente, morava sozinha desde a morte de meu avô e fazia tudo sem precisar de ajuda. Após o AVC, isso mudou. Ao sair do hospital, caminhava com dificuldade e seu braço não tinha nenhum movimento. O que mais a limitou, porém, não foi sua mobilidade, e sim o fato de não conseguir mais falar. Para mim, essa é uma das piores sequelas que podem surgir nesse quadro, pois acabam por causar o isolamento parcial do paciente dentro de seu convívio familiar. A fisioterapia foi fundamental nesse processo de readaptação, auxiliando-a tanto física como psicologicamente.

Vovó melhorou ao longo desses meses: voltou a andar, mas não vive mais sozinha, teve que sair de sua própria casa. Sabíamos o quanto isso seria difícil para ela, mas foi uma medida necessária. Como nos avisaria caso houvesse alguma emergência sem poder falar? Essa é, hoje, sua maior limitação, pois a comunicação com as outras pessoas tornou-se muito difícil.

Sinto-me mal quando às vezes passo um período maior sem vê-la. Muitas vezes, fico triste comigo mesmo. A vida passa e a gente se acomoda. O efeito da acomodação, quando se tem alguém doente na família, infelizmente é bastante comum. Existe, sim, amor e preocupação com a pessoa, mas há uma tendência ao distanciamento, mesmo daqueles que convivem na mesma casa. No caso de minha avó, que não fala mais e pouco se comunica, esse efeito é bastante visível. Sei que muitas vezes o afastamento ocorre por causa da dificuldade e da dor de vê-la assim depois de tantos anos, mas também sei que é preciso enfrentar esse medo, pois ela está ali e precisa de sua família tanto quanto precisamos dela. É uma situação difícil, que acaba afetando a todos, e é necessário cuidado para que as relações familiares não sejam afetadas em um momento que exige a união das pessoas.

Fico tranquilo ao saber que pude auxiliar nessa fase tão delicada, mas é claro que muitas vezes surgiu em mim o questionamento: será que fiz bem em não atendê-la?

Tive, por muito tempo, medo de estar fugindo de uma responsabilidade, mas hoje estou seguro de que seguir a orientação de minha tutora desde a graduação foi a atitude mais sensata. A ética deve estar sempre em primeiro lugar e sustentei minha decisão, ainda que tenha sido questionado duramente por muitas pessoas.

A fisioterapia tem auxiliado muito minha avó nessa jornada de redescobrimento e construção de uma nova vida: ela adquiriu passos mais seguros e recuperou alguns dos movimentos de seu braço. Mais que isso, pouco a pouco vem conquistando pequenos movimentos que a tornaram um pouco mais autossuficiente.

Ainda há muito a ser feito, mas, analisando os resultados obtidos em seu tratamento, comprovei que a Fisioterapia, se realizada com seriedade e frequência adequadas e moderadas, é extremamente eficiente para a recuperação de pacientes neurológicos. Três sessões diárias de 1 hora fizeram, e ainda fazem, a diferença na vida de minha avó e acredito que devemos buscar a cada dia mais a aplicação desse modelo de tratamento visando a obter os melhores resultados possíveis nos pacientes.

Por isso, pergunto aos alunos e aos profissionais da fisioterapia que estão lendo este livro: se, mesmo com o tratamento que considero ideal, a recuperação integral das funções perdidas ou prejudicadas é um processo longo e difícil, imaginem quando o que o paciente recebe é o tratamento insuficiente e rotineiro que encontramos em muitos lugares? Como já disse anteriormente, menos de três sessões de fisioterapia por semana, em minha opinião, não é um tratamento, e sim uma orientação. Dizer que os pacientes ficam cansados com os estímulos e exercícios da fisioterapia e que, por isso, as sessões devem ser espaçadas não é uma explicação válida a meu ver. Como pode o corpo se cansar e precisar de um tempo de descanso de seus próprios movimentos? Por quantas horas andamos e ficamos em pé durante um dia comum? Dizer que o pequeno período em que isso ocorre durante as sessões de fisioterapia cansará o paciente realmente não é uma justificativa válida para mim. Deve-se sempre agir de forma ética e indicar ao seu paciente o tratamento e a frequência de sessões que podem oferecer os melhores resultados. Se você, por ventura, tiver limitações de horário que não permitam realizar os atendimentos, não negligencie o que é correto. Indique outro profissional. Se o paciente não puder pagar pelo tratamento, indique um local em que ele possa se tratar gratuitamente ou por um valor menor, como as clínicas universitárias ou públicas. O seu valor como profissional não deve ser financeiro. Um fisioterapeuta deve ter, por princípio, ajudar as pessoas a se recuperarem.

Acreditem: se realizada de forma ideal, a Fisioterapia pode devolver a vida a uma pessoa. Eu vi isso acontecer muitas vezes e, nesse caso específico em que a paciente era minha avó, pude entregá-la nas mãos de bons profissionais, sabendo que teria sucesso em seu tratamento, pois minha confiança na Fisioterapia é plena.

A Central da Fisioterapia – ampliando horizontes

QUANDO 2011 COMEÇOU, pensei que seria um ano tranquilo, como foram os anteriores. Muito trabalho, pacientes particulares, mas nada de novo. Já não pensava em procurar outro emprego, em ser funcionário de clínicas ou hospitais. Estava realizado com minha carreira no segmento domiciliar.

Ainda nos primeiros meses do ano, Eduardo, um amigo dos meus tempos de juventude e com quem ainda tinha contato, veio conversar comigo sobre a possibilidade de criarmos uma empresa aliando seu conhecimento em negócios e minha experiência e habilidade com os pacientes. A princípio, recusei suas ofertas. Sabia do espírito empreendedor dele e de como estava crescendo com seus outros projetos, mas não acreditei muito na aplicação desses modelos na fisioterapia.

Passaram-se alguns meses e nós continuamos conversando a respeito. Ele estudou bastante o mercado e insistia na ideia. Eu nunca havia feito nenhum investimento financeiro grande em minha vida, exceto a aquisição de meus carros, mas era diferente, eram investimentos obviamente seguros e, além de tudo, realizados por meio de financiamentos. A ideia de utilizar o dinheiro que havia trabalhado tanto para guardar e economizar em uma empresa inovadora e independente deixava-me bastante inseguro. Ele sinalizou para a possibilidade de conseguir alcançar um objetivo que eu há tempos tentava viabilizar: a expansão do alcance de meu trabalho. Tinha certeza de que, se conseguisse atingir mais pessoas, poderia melhorar ainda mais meus negócios. Já havia adquirido um pouco de visão comercial nesse momento da carreira, só não sabia como colocar minha ideia em prática, e a proposta que Eduardo me fez certamente era a melhor chance que eu tinha de realizar esse projeto.

Senti medo de estar me arriscando, mas agradeço sempre por ele ter sido tão persistente a ponto de convencer-me a fazer esse investimento. Ele acreditou em meu potencial e em minha profissão, e isso foi fundamental para crescermos juntos.

Passamos então a pensar no nome que daríamos à empresa. Era mais uma das muitas incógnitas que viriam ao longo do processo de criação e chegamos à conclusão de que não gostaríamos de um nome que usasse expressões em inglês, como há tantos por aí. Queríamos algo simples, mas significativo, e foi com esse conceito que chegamos à "Central da Fisioterapia". Esse nome representa nosso ideal: um único lugar que reúne todos os serviços – dentro da Fisioterapia – que as pessoas possam precisar.

A abertura de uma empresa no Brasil infelizmente é muito burocrática e dispendiosa. Passamos incontáveis horas para reunir toda a documentação necessária e muitas outras dentro dos cartórios e órgãos responsáveis pelo processo. Os impostos, que em geral já são bastante altos em nosso país, na área da saúde são ainda maiores. Por muitas vezes, questionamos o tamanho do investimento que estávamos fazendo, mas a confiança no resultado final acabava por nos animar a seguir em frente.

Além dos trâmites comuns a todas as novas empresas, por conta de nossa área de atuação, foi necessário regularizar nossa atividade no Conselho Regional de Fisioterapia e Terapia Ocupacional (CREFITO), no Sindicato dos Fisioterapeutas e na Junta Comercial. A ansiedade pelo lançamento da empresa crescia proporcionalmente aos gastos e ao tempo envolvidos nesses procedimentos.

Por fim, algum tempo depois, conseguimos colocar nosso *site* no ar, apresentando nosso trabalho e as possibilidades da Fisioterapia domiciliar. Era um *site* simples, mas fiquei orgulhoso, não tinha imaginado ter algo assim. Mostrei para minha família e amigos, divulgamos a criação da Central da Fisioterapia para todos que conhecíamos.

De repente, os acessos ao *site* foram surgindo e, quando eu estava na comemoração do aniversário do meu pai, meu celular tocou. Era o Eduardo, eufórico, contando que havia recebido telefonemas de pessoas interessadas em nos conhecer. Lembro-me de que retornei as ligações e, já nesse contato inicial, consegui marcar as avaliações dos primeiros pacientes.

Nossa primeira semana de trabalho foi um grande marco: 7 dias, 7 avaliações e 7 pacientes que nos contrataram! Esses resultados nos animaram muito e foi nesse momento que senti como fora acertada essa nova empreitada, esse novo rumo de minha vida. Eu mesmo realizei as primeiras avaliações e atendi esses pacientes, mas começamos a receber muitas ligações, mais do que imaginamos para tão pouco tempo, e tivemos que começar a recrutar novos fisioterapeutas. Essa etapa foi muito importante para a definição e o estabelecimento dos padrões de qualidade de nossos profissionais e, consequentemente, de nossos atendimentos. A princípio, convidei alguns amigos para trabalhar conosco, por conhecer sua formação, bem como sua capacidade, mas, com o tempo, tive que buscar também novos profissionais, sempre levando em conta suas habilidades e sua paixão pela profissão.

Nossa proposta é ter pessoas especializadas trabalhando conosco para oferecer sempre o melhor a quem nos procura. É uma forma de valorizar a fisioterapia e, em consequência, os fisioterapeutas. Afinal, as pessoas que nos contratam têm de alcançar excelentes resultados e um serviço diferenciado, a fim de que elas passem a acreditar no potencial da profissão.

Sempre que realizamos seleções para a contratação de novos profissionais os instruímos quanto à importância de atenderem nossos clientes com pontualidade e estarem adequadamente trajados e utilizando equipamentos modernos e em excelentes condições; além de exigir que eles estejam atualizados e preparados quanto ao aspecto técnico-científico. Para nós, essas são condições imprescindíveis na realização do trabalho.

Apesar de termos obtido um resultado positivo para uma empresa que estava apenas começando, vamos aos fatos: não é fácil iniciar um negócio, ainda mais em uma área tão desacreditada como a nossa. Receber as ligações das pessoas interessadas é apenas o primeiro passo. Fazer com que confiem em nossa capacidade, com que acreditem que vale a pena investir em nossos serviços e com que saiam satisfeitas é o grande desafio.

Conseguir abrir a empresa foi extremamente desafiador e posso dizer que não imaginava como todo o processo seria complexo e dispendioso. A cada dia, surgia uma nova demanda e estou certo de que nossos conhecimentos, e principalmente nossa vontade de trabalhar para fazer dar certo, foram fundamentais. Meu irmão mais novo, Bruno, tornou-se sócio de Eduardo em sua outra empresa e foi aí que surgiu a ideia de trazê-lo para trabalhar conosco, dando a ele um percentual da Central da Fisioterapia. Bruno é muito inteligente, e não é por ser meu irmão que digo isso. Tem um domínio da área financeira que eu gostaria de ter e colocou nossa empresa em outro patamar, organizando nossas finanças e traçando nosso planejamento. Um fato curioso para mim, e que me deixou feliz, foi ver meu irmão mais velho já com uma postura mais flexível do que no momento em que o procurei anos antes, ao sair da empresa em que trabalhava em Guarulhos. Agora, ele apoiava Bruno na decisão de largar seu emprego no banco para assumir a sociedade primeiro com o Eduardo e depois comigo também. Entendeu que, para ele, a estabilidade de uma instituição era boa, mas que, para o caçula de nossa família, era um limitador de seu crescimento profissional, e o apoiou nessa decisão.

Nos primeiros meses de operação, estabelecemos o escritório de nossa empresa em um espaço cedido pelos pais de Eduardo. Passávamos a maior parte do tempo em serviços externos, entre atendimentos e outras demandas. Com o nosso crescimento, sentimos a necessidade de ter um espaço mais independente e surgiu a oportunidade de alugar uma edícula nos fundos da casa que uma agência de publicidade de uns amigos ocupava. Era um espaço pequeno, uma sala e um banheiro com paredes tão finas que chegavam a ser constrangedoras, mas não nos importávamos, era o nosso escritório. Eu quase não ficava lá, estava sempre atendendo, mas ali ficavam o Eduardo, o Bruno e já tínhamos um funcionário trabalhando no atendimento das ligações. Foi essa nossa base durante mais de um ano e, nesse período, conseguimos expandir para a outra salinha da edícula também. Já tínhamos mais funcionários e a vontade de ter uma sede própria, um lugar em que pudéssemos receber as pessoas com melhores condições, foi crescendo.

Fizemos as contas, vimos o quanto poderíamos investir e iniciamos a busca por um escritório bem localizado, com instalações adequadas e que coubesse em nosso orçamento.

Quando encontramos esse imóvel, onde estamos até hoje, alugamos apenas uma sala. Fizemos uma grande reforma, escolhemos cada detalhe, dos móveis aos equipamentos, e, quando inauguramos, pudemos sentir que nossa empresa a cada dia se profissionalizava mais. Foi uma grande realização, um sentimento imenso de vitória para todos nós. Há menos de 2 anos, esse projeto era apenas uma ideia na cabeça de um jovem empreendedor e agora inaugurávamos uma sede própria! Investimos nosso tempo, dinheiro e nossas esperanças e estávamos colhendo os resultados de tudo isso.

Hoje, estamos em mais de dez cidades do estado de São Paulo, contamos com mais de cem fisioterapeutas e já realizamos mais de 30 mil atendimentos para pacientes que nos confiaram sua recuperação. É muito satisfatório ver esse crescimento e saber que estamos oferecendo Fisioterapia de verdade para as pessoas.

Eu sempre digo que as pessoas não são insubstituíveis, mas a empresa jamais seria a mesma se não fôssemos nós três – Bruno, Eduardo e eu –, seus alicerces. O conhecimento, o perfil e o comprometimento de cada um de nós faz da empresa algo único e é um modelo extremamente funcional, baseado em confiança mútua e investimentos constantes, tanto financeiros como intelectuais.

Seria muito difícil, se um de nós três saísse hoje, continuar a empresa da forma como ela é. Sustentamos a empresa como um tripé, cada sócio é fundamental para a sua estabilidade.

Criamos um sistema extremamente funcional. Investimos no desenvolvimento de algo específico para nossas necessidades e seguimos investindo constantemente para que a empresa se torne cada vez mais forte e estável.

Um grande aprendizado para mim foi o de delegar pacientes para a equipe. Estava acostumado a trabalhar sozinho, mas, com o aumento do número de pacientes, não poderia seguir dessa maneira. No começo, ainda fazia as avaliações pessoalmente, mas não havia tempo hábil para atender todos os que contratavam nossos serviços. Percebi que parte fundamental do meu novo trabalho era a contratação de profissionais confiáveis e preparados para poder indicá-los sem medo aos pacientes. Não foi um processo fácil. Como já disse anteriormente, para manter os ideais e a qualidade de nossos serviços, tenho que ser extremamente cuidadoso ao selecionar um novo profissional, avaliando não apenas sua formação, mas também o quanto sua metodologia de trabalho adequa-se aos serviços que oferecemos. É muito importante para nós conhecer quem trabalha conosco: suas habilidades e seu caráter. Levamos muito a sério o cumprimento do que oferecemos. Seriedade e respeito são nossos princípios fundamentais e acredito ser este o alicerce básico para tudo o que fazemos, não só em nossos trabalhos, mas em nossas vidas. São esses valores que fazem com que a Central da Fisioterapia cresça e conquiste novos clientes e profissionais sempre de maneira idônea e ética.

Hoje, o que vemos no mundo é uma grande competição, mas, quando um profissional de fisioterapia vem nos procurar, eu não quero ser melhor que ele. Quero os melhores fisioterapeutas trabalhando comigo, porque se você for à casa de um paciente e for incrível, é o nome da empresa que estará levando com você.

O maior desafio até agora, maior ainda que a criação da empresa, foi algo que sabia que aconteceria em determinado momento: a transição entre os atendimentos e o trabalho no escritório. Sempre me falavam que chegaria um momento em que eu não poderia mais atender muitos pacientes para poder me dedicar de forma mais intensa à empresa nas áreas administrativa e estrutural. Nunca fui cobrado a acelerar esse processo, mas era uma necessidade natural. É uma mudança muito difícil. Gosto muito do exercício prático da profissão, de conhecer as pessoas, ajudá-las, fazer o que fiz durante tantos anos e que sempre me realizou, mas sei também que é a hora certa para investir na continuidade desse sonho chamado Central da Fisioterapia.

Crescemos muito em pouco tempo e me emociono ao pensar nisso, em como tudo começou, em como a Fisioterapia possibilitou tantas alegrias e realizações em minha vida. É isso que me fortalece e ajuda a querer trabalhar a cada dia mais em prol dessa empresa.

Aprendo diariamente com Eduardo e Bruno, sua visão empreendedora e habilidade administrativa. Ainda há muito a ser feito aqui, esperamos aumentar cada vez mais nossas operações. E mais que um aumento quantitativo, esperamos alcançar a excelência dos serviços que prestamos, e é por isso que estamos em constante pesquisa para tornar nosso processo seletivo ainda mais eficiente e objetivo. Acompanhamos continuamente os profissionais que trabalham conosco por meio de um sistema de avaliação, tanto de sua atuação prática com os pacientes quanto de sua seriedade em repassar informações sobre os atendimentos e registrar a evolução dos casos.

Converso com todos os pacientes que demonstram interesse em nossos serviços após passarem pelo primeiro atendimento. Faço questão de conhecer suas necessidades e explicar com detalhes o que oferecemos e quais resultados podem ser alcançados. Às vezes, as pessoas estão bastante confusas, têm a indicação do médico, mas não sabem bem como funciona o trabalho de um fisioterapeuta. Há também aqueles relutantes, pois, mesmo sabendo que a fisioterapia é indicada para seu caso, tiveram experiências anteriores desagradáveis ou insatisfatórias. É parte de meu trabalho como coordenador cuidar de todas essas questões, nem sempre é fácil, é um trabalho muitas vezes desgastante, mas estou aprendendo a lidar com as mais diversas situações. Há momentos em que recebo ligações de pessoas que se interessam pelo nosso trabalho, mas que infelizmente não tem condições financeiras de arcar com o tratamento. Acho importante tentar ajudar também essas pessoas, orientando-as a buscar os serviços oferecidos por clínicas universitárias e governamentais. Sempre auxiliar àqueles que precisam de tratamento é um princípio fundamental para os profissionais da área da saúde e, a meu ver, negligenciá-lo por ganância é um dos erros mais graves e, infelizmente, comuns que vemos.

Temos pacientes nos bairros Paraisópolis e Heliópolis, mas também no Morumbi e no Jardim Europa. Isso demonstra o começo de uma valorização do trabalho que realizamos e, consequentemente, da profissão. Mesmo as pessoas com menor poder aquisitivo, quando acreditam no serviço oferecido e nos resultados, investem no tratamento. Por isso, a primeira frase que digo para todos os fisioterapeutas que procuram uma vaga na Central da Fisioterapia é: "Meu maior desafio e desejo é valorizar minha profissão e os responsáveis por atingir essa meta somos nós, profissionais da área. As pessoas só nos valorizarão quando, ao procurar nosso atendimento, receberem o melhor que temos a oferecer, independentemente de onde essa pessoa mora e de qual seu quadro clínico. A Fisioterapia é minha grande paixão e quero pessoas apaixonadas para trabalhar aqui, pois, sem amor, não há a entrega necessária".

Acho importante compartilhar com os profissionais que querem trabalhar conosco a experiência que adquiri ao longo dos anos. Mostrar a eles que, embora a fisioterapia domiciliar seja um mercado de trabalho relativamente difícil nos dias de hoje, é possível, sim, construir uma carreira. Acredito na importância de oferecer essa perspectiva de crescimento para o profissional, que chega aqui muitas vezes desacreditado, há anos recebendo baixos salários e trabalhando em condições inadequadas. Atualmente, muita gente faz faculdade de Fisioterapia, mas poucos se tornam fisioterapeutas de verdade. Espero sinceramente poder colaborar para a mudança dessa realidade.

Em toda a minha história profissional, acreditei na Fisioterapia. Esforcei-me por aproveitar ao máximo os ensinamentos da faculdade, especializei-me, batalhei muito e continuo lutando por essa profissão. Há um longo caminho a ser percorrido, mas acredito no potencial da Central da Fisioterapia para poder, a cada dia mais, valorizar essa carreira que escolhi. Esse é nosso grande objetivo.

Alguns conselhos para meus futuros colegas de profissão

AO LONGO DESTE livro, por diversas vezes, falei sobre a desvalorização da Fisioterapia, suas principais causas e minha visão de como é possível combatê-la.

Como uma pessoa cuja vida está tão fortemente entrelaçada a essa profissão, acredito que é meu dever sair do papel de observador e lutar por sua valorização. Criar a Central da Fisioterapia foi um dos grandes passos que dei nessa direção. A construção de uma empresa que tem como missão a recuperação das pessoas, devolvendo-lhes sua autonomia e melhorando sua qualidade de vida por meio da contratação e valorização de bons profissionais, certamente é parte de um plano de reabilitação da profissão que tanto admiro.

Escrevendo este livro, revi minha trajetória e senti que dividir minhas experiências e percepções a respeito da construção de uma carreira pode ser mais uma forma de auxiliar os futuros fisioterapeutas a encontrarem um caminho dentro dessa área de tantas possibilidades e, infelizmente, tão desacreditada.

No meu caso, fui seguindo minha intuição e, por sorte, acredito que o caminho que escolhi foi o grande responsável por eu ter conseguido alcançar minha realização profissional. Por isso, compartilho, neste capítulo, alguns pontos que acredito terem sido fundamentais em minha vida desde a universidade até os dias de hoje.

- Procure conhecer a fundo a área desejada e todas as suas possibilidades. Converse com profissionais e informe-se sobre o mercado de trabalho de forma realista.

- Desde o primeiro ano, empenhe-se e tente não faltar às aulas. Claro que é importante fazer amizades e confraternizar, mas tenha sempre em mente que a razão para estar ali é estudar.

- Apesar de não ser uma prática comum, acho importante procurar um professor com o qual você se identifique e buscar nele orientações ao longo de todo o curso, a fim de que seja um tutor de seu aprendizado e possa aconselhá-lo.

- Aproveite na totalidade as oportunidades e dedique-se integralmente ao curso que está fazendo, comprometendo-se com as tarefas e os trabalhos.

- Há algumas matérias das quais, a princípio, não gostamos ou pensamos que nunca vamos utilizar em nossas carreiras. Ainda assim, é preciso estar presente física e mentalmente nas aulas. Mais adiante, em algum momento de sua vida acadêmica ou profissional, você vai precisar dos conhecimentos adquiridos ali.

- Busque sempre compreender o conteúdo, e não apenas memorizá-lo para as avaliações. A compreensão leva ao conhecimento real, que será sua base quando for exercer a profissão.

- Quando começarem as disciplinas direcionadas a cada especialidade, encare-as com muita seriedade, independentemente de ser ou não a que deseja seguir. Mesmo que você não venha a ser, por exemplo, especialista em fisioterapia ginecológica, pode ter um paciente que precise desse atendimento. Um profissional completo é aquele que se especializou, mas que também tem conhecimentos das outras áreas. Não ignore a existência de nenhuma especialidade. Todas são importantes e você pode surpreender-se com suas possibilidades. Se, depois de formado, vier a trabalhar em uma UTI, por exemplo, provavelmente atenderá pacientes com politraumatismo, AVC, problemas respiratórios, doenças degenerativas, etc. Não é possível saber se vai precisar dos conhecimentos de alguma das especialidades. Você deve ser, antes e acima de tudo, um fisioterapeuta.

- Durante os estágios supervisionados, aproveite todas as chances de aprender e exercitar os ensinamentos das aulas cursadas nos anos anteriores. Sempre é possível aprender algo novo que poderá complementar sua formação e esse é o momento de pôr em prática seus conhecimentos. Lembre-se de que esses estágios poderão ajudar em seu início no mercado de trabalho. É a oportunidade de aprender a lidar com os pacientes. É quando as dúvidas começam a surgir e os supervisores estão ali para auxiliar e dar confiança.

- Ao final do terceiro ano, organize-se. Pense que, no quarto ano, será necessário dividir seu tempo entre as disciplinas restantes, os estágios obrigatórios e o desenvolvimento do trabalho de conclusão de curso (TCC). O segredo é pensar em um tema diferenciado, inovador. Não se contente com o lugar comum, falando sobre algo que já foi pesquisado e discutido à exaustão, pois assim seu trabalho será apenas um resumo de outros. Faça algo que tenha um diferencial, que não exista ou que ainda exista pouco material a respeito. Você terá que pesquisar, então aproveite a oportunidade para aprender sobre um novo assunto, para crescer. Temas inovadores demonstram interesse e empenho, fatores importantes para traçar perfis profissionais. De maneira geral, em um TCC você não vai inventar um tratamento, mas pode unir vários fatores e desenvolver um tema que exija pesquisa, que lhe faça pensar, que permita, por exemplo, a realização de um estudo de campo. Gostar do tema a ser trabalhado é imprescindível para despertar seu interesse e paixão. Pesquisar sobre um tema com o qual nos identificamos transforma o trabalho em uma atividade extremamente instigante.

- A escolha do professor orientador é outro ponto que costuma tirar o sono dos estudantes. É uma fase de dúvidas e insegurança: além de escolher um orientador, é necessário ser aceito por ele. Considero que devemos sempre pensar a longo prazo, por isso, ter um bom relacionamento com os mestres desde o início do curso, a partir de um interesse verdadeiro e da dedicação nas aulas, ajuda muito, pois os professores certamente poderão auxiliar tanto na escolha do tema como na do orientador.

- Faça um trabalho do qual você se orgulhe ao olhar para trás. Tenha calma, aconselhe-se com os professores, escolha um tema que traga para você a oportunidade de crescer, dedique-se à teoria e também à apresentação, e aproveite o processo.

- Um problema que vejo nos últimos anos, ao conversar com alunos e recém-formados, é o professor que desmotiva seus alunos, falando sobre baixos salários e falta de oportunidades de trabalho. O professor tem de incentivar o estudante a melhorar a cada dia para ter acesso a boas oportunidades, pois elas existem para quem se prepara e se diferencia. Os alunos devem ter senso crítico. Quando um professor estiver dando aulas, ensinando e acrescentando conhecimento em suas vidas, devem ouvi-lo com interesse. Mas, nos momentos em que vêm as palavras desmotivadoras, devem perceber que esse rancor e esse desânimo são, muito provavelmente, fruto de carreiras mal gerenciadas e malsucedidas, e não é bom absorver essa negatividade.

- Atitudes e cuidados aparentemente simples contribuem para o sucesso do profissional. Estar sempre uniformizado e devidamente asseado é um diferencial, indica o nível de comprometimento profissional. Acostume-se ao uso do uniforme desde os estágios. É um cartão de visita, a primeira impressão que terão de você.

- Após a formatura, meu conselho é: inicie uma pós-graduação. A carga horária do curso de Fisioterapia é muito pequena. Quatro anos é pouco tempo para aprender um assunto a fundo, então a especialização, a meu ver, deve ser encarada como um ano complementar à universidade. Programe-se desde o início considerando 5 anos de curso. Organize-se inclusive financeiramente, contando que haverá mais um ano de estudos, porque valerá a pena. Não considere como um gasto, e sim como um investimento que você recuperará ao longo de sua carreira. Esse ano complementar, além de aprofundar seus conhecimentos em uma área específica, servirá para lhe permitir uma nova visão, abrirá sua mente. Cursos de pós-graduação são mais dinâmicos e exigem mais esforço do próprio aluno. Acho que é um bom preparo para a vida profissional. Ao escolher uma área, não leve em conta apenas seu desejo e interesse, pense também em suas habilidades e limitações para certificar-se de que poderá sempre oferecer o que há de melhor aos pacientes. Busque algo com seu perfil e batalhe por isso. Uma especialização é um grande diferencial no currículo na hora de procurar seu primeiro emprego junto a tantos outros formandos.

- Comece a pesquisar os cursos e as áreas de especialização existentes já no decorrer de seu curso. Há uma grande oferta, certamente haverá algum que esteja dentro de suas possibilidades e interesses.

- Se você não escolheu uma área de interesse, não identificou ainda um foco de atuação, busque algo mais abrangente. Sugiro a Geriatria, que é um mercado amplo e em ascensão. As estatísticas demonstram que há um número crescente de idosos e você trabalhará várias especialidades simultaneamente, pois o paciente geriátrico tem demandas de todas as áreas: neurológica, ortopédica e respiratória.

- Acredito que não se deve fazer a pós-graduação na mesma instituição em que se graduou, para ter a oportunidade de conhecer novos professores e um novo ambiente, o que fará dessa experiência algo mais enriquecedor, permitindo conhecer novas visões da área em que deseja especializar-se. É claro que há instituições de ensino com muitos especialistas nas mais diversas áreas, principalmente nas universidades públicas. Nesse caso, ainda que dentro dos mesmos locais, você terá acesso a uma grande diversidade de opiniões e a vertentes de estudo variadas.

- Se tiver oportunidade, faça sua pós-graduação em uma instituição renomada. Isso fará diferença em seu currículo. Pesquise o mercado, veja onde é indicado se especializar na área desejada, pois cada instituição tem sua especialidade. Pense na construção de conhecimento e de seu currículo.

- Se o curso escolhido permitir, já comece a buscar um trabalho. Vale a pena iniciar a carreira o quanto antes, afinal, é preciso trabalhar para ganhar experiência e independência financeira. Avalie suas possibilidades financeiras e o tempo que poderá dedicar ao curso de maneira séria.

- Após o término dessa primeira etapa de estudos (sim, primeira, pois nunca devemos parar de estudar), surgem perguntas como: "Que emprego procuro?" e "Onde procuro?". De maneira geral, você não vai encontrar o emprego dos seus sonhos em sua área assim que terminar a graduação. Apesar de você ter uma identificação com a especialidade, ainda não possui experiência. Os melhores locais de trabalho, quando se está começando, são os hospitais. Meu primeiro emprego com registro em carteira foi em uma instituição filantrópica, um hospital especializado em paralisia cerebral, o que permitiu que eu aprendesse muito e me especializasse em Neuropediatria.

- Dedique-se a criar um bom currículo, colocando todos os seus estágios, e algum eventual paciente particular a quem prestou atendimento. Caso tenha desenvolvido algum projeto durante o curso, também é importante acrescentá-lo. Valorize o conhecimento e a experiência que você adquiriu nos estágios supervisionados. Esse primeiro currículo deve ser básico e objetivo, direcionado. Não coloque cursos e empregos não relacionados à Fisioterapia, mencione apenas o que poderá ser utilizado na área. Se já estiver cursando uma pós-graduação, cite-a no currículo, informando o curso, a instituição e quando a concluirá.

- Faça um levantamento das clínicas e hospitais da sua cidade e, se for possível, das cidades vizinhas também. Não se restrinja somente à sua vizinhança. Quem está começando tem que avaliar as possibilidades que aparecem de forma realista. Talvez apareça uma boa vaga em um local distante. Precisa ir. Se não estiver disposto a batalhar no começo da carreira, como vai crescer?

- Distribuir currículos e cadastrar-se nos *sites* de processos seletivos das grandes instituições é trabalhoso e demorado, mas vale a pena. Preste atenção aos locais para onde está encaminhando seu currículo; tenha um controle de qual a área de atuação desses locais, das respostas e dos *feedbacks* recebidos. Não faça "panfletagem" com seu currículo.

- Se você tem recursos para abrir uma clínica, ótimo! Claro que vai ajudar muito, mas lembre-se que isso não quer dizer que você será bem-sucedido. Ter um nome na área depende do seu trabalho e de como você tratará seus pacientes. O sucesso não se compra, é resultado do que você realiza ao longo de sua vida.

- Uma iniciativa que não tive na época e que, hoje, percebo como um bom caminho é procurar conhecer médicos que atuem nas áreas em que gostaria de trabalhar. Solicite um horário para apresentar-se profissionalmente. Diga que está entrando no mercado de trabalho e entregue seu currículo. Nesse caso, a confecção de um cartão profissional é uma boa ideia e, apesar de requerer um pequeno investimento financeiro, pode trazer bons retornos. Conhecer médicos é importante em nossa profissão e para eles é bom conhecer fisioterapeutas sérios, interessados em realizar um bom trabalho. Não pode ter vergonha, tem de "mostrar a cara".

- Acredite, você pode ser chamado. Candidate-se às vagas e confie em si mesmo. Você tem que ficar conhecido, mostrar que existe. De nada adianta você estar formado e só sua mãe, seu pai e seu cachorro saberem disso!

- Crie uma imagem profissional a partir da escolha da roupa que vestirá (prefira o branco, mas pode ser uma roupa social clássica). Cuide de sua aparência, de seu cabelo. Se for homem, faça a barba; se for mulher, cuidado com o excesso de maquiagem, com decotes e roupas muito justas. Pense que essa é a imagem que o entrevistador vai ter de você como profissional.

- Tenha o cuidado de sempre entregar currículos em bom estado. Parece um conselho desnecessário, mas vemos muito currículos amassados, sujos, descuidados e repletos de erros de ortografia. Se a apresentação da pessoa é desleixada, é fácil imaginar que o profissional vai portar-se da mesma forma durante sua atuação.

- Quando surgir uma oportunidade, ainda que fora da sua área de interesse, você deve tentar, afinal, está começando e não sabe ao certo como é trabalhar em área alguma, nem na que deseja seguir. Se depois de algum tempo não gostar, perceber que realmente não quer trabalhar com essa especialidade, saia, mas certamente levará consigo novos conhecimentos. Às vezes, só de estar ali, pode surgir alguma nova vaga, então não feche as portas.

- Estar em instituições, clínicas e hospitais muitas vezes permite que médicos conheçam seu trabalho. Desses médicos, costumam vir indicações. De pacientes atendidos, e principalmente satisfeitos com o seu atendimento, vêm novas e excelentes indicações, e é assim que você constrói seu nome. Para quem deseja trabalhar como fisioterapeuta particular e domiciliar, é fundamental a criação dessa rede. Acredito muito nessa área de trabalho. Reabilite o paciente e melhore sua vida. Ele indicará você.

- Pode parecer contraditório, por ter afirmado mais de uma vez que, quando aceitamos baixos salários, estamos desvalorizando a profissão, e agora digo que temos que aceitar as oportunidades que aparecerem;

mas, entenda que, nesse momento, estou falando do início da carreira, quando, mais importante que o salário recebido, é a experiência adquirida. Creio que no início é preciso pensar na necessidade de começar a trabalhar para ser um profissional experiente. Por exemplo, os jogadores de futebol: em quais times eles começam a jogar? No campinho de seu bairro, no colégio e em times menores, nas categorias de base. Até chegar aos grandes times, e quem sabe até mesmo às seleções nacionais, eles têm de mostrar seu talento, sua garra e adquirir experiência. Tenha em mente que você está ali, naquele emprego, para aprender. Atenda bem seus pacientes para fazer jus ao juramento que você fez em sua formatura e estabeleça um prazo para sair e buscar melhores oportunidades com tudo o que aprendeu. Sem dar ao mercado de trabalho a oportunidade de conhecer sua capacidade, será difícil batalhar por melhores remunerações.

- Um bom modelo para iniciar a carreira é conseguir um emprego fixo e registrado, preferencialmente no período da manhã, e investir em atendimentos particulares no período da tarde. Por que sugiro essa divisão de tempo? É simples: deixando a tarde livre para atendimentos particulares, você terá uma flexibilidade que lhe permitirá atender um número maior de pacientes. Para quem ainda não está com a carreira consolidada, sem muitas indicações, é uma forma de ter estabilidade financeira enquanto busca aumentar a quantidade de atendimentos domiciliares.

- Siga sua intuição, inove! Ninguém, em aula, me disse para colocar os pacientes em pé durante os atendimentos. Na faculdade, nem existia a prancha ortostática para simular isso. Foi algo muito orgânico para mim e que senti a necessidade de realizar. Se me ensinaram tanto sobre a necessidade de criar estímulos e simular funções, pareceu óbvio para mim que o estímulo mais correto para um paciente que não anda era colocá-lo em pé e parte de meu sucesso profissional veio dessa atitude aparentemente tão simples.

- Nunca deixe de estudar. Fuja da acomodação que tende a vir ao longo dos anos de trabalho. Busque novos cursos, palestras e oportunidades de aperfeiçoar-se. Invista em você e em sua carreira, para tornar-se mais interessante para o mercado.

Tudo o que disse aqui veio de minha experiência e acredito sinceramente que, com essas orientações, seja possível ao graduando ou recém-formado ter um bom ponto de partida. Não é um modelo rígido nem baseado em qualquer estudo. São apenas alguns conselhos fundamentados em tudo o que vivi e que percebi terem sido importantes para que eu chegasse a uma carreira estável e realizadora.

Finalmente, o grande conselho que dou é que você esteja presente e acredite no que faz. Ninguém vai lhe ensinar o que a prática ensina e, se você for um bom estudante, um bom profissional – empenhado, sério e capaz –, certamente terá as portas do mercado de trabalho abertas.

Boa sorte!

Palavras finais

"Na verdade, a Fisioterapia é minha vida."

Ao final de um curso, de uma tarefa ou de um tratamento, costuma-se fazer uma espécie de avaliação ou um "balanço final" de tudo o que foi realizado. É o que me proponho a fazer agora.

Minha vida profissional começou de forma inesperada, escolhi a Fisioterapia como profissão, mas não pensava em como seria minha carreira. As coisas foram simplesmente acontecendo: arranjei um emprego aqui, outro emprego ali, atendi pacientes domiciliares e, de repente, pude optar por sair de um emprego estável para trabalhar somente com os particulares, acreditando nesse tipo de atendimento. Recusei as oportunidades que tive para mudar de área, mesmo sabendo que poderia ter alcançado altos salários, por acreditar na Fisioterapia.

A partir do momento em que cresci profissionalmente e adquiri mais maturidade, consegui ganhar proporcionalmente melhor; adquiri confiança em meu trabalho para cobrar um preço que me valorizasse profissionalmente com naturalidade, porque sabia que o atendimento valia o que eu cobrava.

Acho que minha grande realização hoje é ter uma empresa que consegue aplicar a Fisioterapia com respeito à profissão e aos pacientes. O alcance que essa empresa me dá é muito maior e posso compartilhar minha visão e meu método com os profissionais que trabalham conosco. Fico satisfeito em saber que, entre esses profissionais, há dez casos de colegas que tinham desistido da profissão e voltaram a acreditar em seu potencial para trabalhar conosco.

Penso que um dos segredos do sucesso é ter visibilidade e a Central tem me proporcionado isso. Meu objetivo não é ficar famoso, mas fazer com que as pessoas conheçam a Fisioterapia em sua totalidade, em seu pleno potencial.

A Central da Fisioterapia era um sonho? Não. Mas, hoje, com a visão que tenho, quero, sim, expandir cada vez mais e conseguir aumentar o alcance de nossos atendimentos.

Conforme vamos crescendo, nossos sonhos também crescem. Temos muitos planos de crescimento, nossa vontade é expandir nossos serviços pelo Brasil, mas agimos de maneira cautelosa e temos como prioridade sempre manter a qualidade de nossos serviços.

A empresa está progredindo porque valoriza os fisioterapeutas e dá a eles estabilidade em uma área que em geral é muito instável. Nossos profissionais acreditam na Fisioterapia e procuro sempre incentivá-los nesse sentido, para que sintam confiança em seu trabalho. É essa maturidade que procuramos passar para nossos profissionais, essa confiança em seu potencial e conhecimento.

Tive de reduzir muito os atendimentos que faço porque senti a necessidade de me dedicar à empresa, mas acredito que é um sacrifício necessário. Hoje, estou em um processo de adaptação a essa nova realidade e vejo vantagens no processo: com menor número de atendimentos e com maior tempo no escritório, é mais fácil organizar minha vida. Tenho horários mais definidos e confesso que há anos não sabia o que era isso. Agora, além de fisioterapeuta, sou pai, e essa nova realidade profissional me permite estar mais presente na vida de minha filha. Por outro lado, é desafiador viver essa nova rotina. Atendimentos são sempre muito dinâmicos, há sempre o novo, a convivência com muitas pessoas diferentes a cada dia. Agora, converso com muitas pessoas, mas estou a maior parte do tempo em uma mesma sala.

Tenho muito medo da acomodação. Acho que é o maior risco à carreira de qualquer pessoa. Sempre busco novos desafios, novos cursos, novas fronteiras. Sei que é difícil pensar em estudar em meio a uma vida pessoal e profissional corrida, mas é necessário atualizar-se e investir sempre em novos conhecimentos. Nunca estaremos 100% prontos e as duas formas de crescimento devem caminhar juntas: estudos e exercício prático da profissão.

Estou deixando as coisas acontecerem de forma natural, sem forçar ou pular etapas. Minha vida sempre foi assim e sempre consegui atingir meus objetivos dessa forma.

Quanto a voltar a dar aulas, esta seria uma forma de incentivar os novos profissionais da Fisioterapia. Este livro talvez seja um primeiro movimento nessa direção.

Penso em novas formas de incentivar os estudantes da área, como os motivar a dedicarem-se ao curso e à carreira. Meu próximo passo talvez seja a realização de palestras e *workshops*, tenho vontade de compartilhar o que vivenciei e aprendi ao longo desses anos como fisioterapeuta. Posso expor aos alunos e recém-graduados minhas experiências, mostrando a eles que é possível alcançar sucesso profissional e material na profissão que escolheram, sem abdicar dos princípios éticos.

Acredito também que é um caminho para reabilitar a profissão. Quero orientar as pessoas, dizer a elas como obter resultados. Se elas estiverem satisfeitas, vão fazer um bom trabalho e consequentemente terão retornos positivos e proporcionais à sua atuação.

Hoje, vejo que existe uma necessidade de conhecermos melhor o CREFITO. É nosso dever seguir suas diretrizes e estar próximos a esse Conselho. É ele quem pode zelar por nossa profissão, tanto cuidando dos bons profissionais e de suas necessidades quanto fiscalizando e punindo aqueles que não exercem a Fisioterapia adequadamente e os que burlam as normas existentes. Infelizmente, há muitos profissionais que não cobram os valores corretos, não seguem os tempos de atendimento indicados, não atendem às determinações sobre prontuários, enfim, uma série de atitudes que prejudicam o bom exercício da profissão. Eu não conhecia a fundo a atuação do CREFITO. Senti necessidade de buscar mais informações. Fiquei surpreso, pois encontrei uma gestão receptiva e que quer estar mais próxima dos profissionais.

Sempre fui muito preocupado com a ética dentro da profissão e trouxe isso para a Central da Fisioterapia. Seguimos a legislação e fazemos questão de que todos os que trabalham conosco também o façam, não aceitando assim a concorrência desleal e outras infrações.

Não compartilho o pensamento de que novos profissionais não vão ter mercado de trabalho ou que ganharão mal. Aprendi que é preciso arriscar e saber esperar. É preciso correr atrás e ter paciência para ter resultados. É preciso estar disponível.

A Fisioterapia existe para recuperar as pessoas. Quem vem para a área deve pensar primeiro no paciente e em sua recuperação, depois no dinheiro. Com a melhora dos pacientes, as coisas vão acontecer. O profissional será bem remunerado, mas deve ter o foco correto, em fazer o seu trabalho. Muitas pessoas, em uma entrevista de emprego, querem saber primeiro quanto vão ganhar para depois perguntarem o que vão fazer. Já começam errado. Eu busco fisioterapeutas, e não pessoas que se formaram no curso de Fisioterapia. O profissional que compreende corretamente qual é a sua profissão vai entender o que tem a fazer.

Olhando para trás fico muito feliz por ter persistido e confiado em minha profissão. Não posso reclamar do que conquistei com a Fisioterapia. Consegui alcançar ganhos significativos com meu trabalho e, se houve momentos de desânimo, não foi por não ganhar o suficiente para manter-me, mas porque estava acostumado a um determinado patamar e, quando passava alguns meses abaixo dele, ressentia-me.

Existem altos e baixos, sim, para quem trabalha por conta própria, mas temos que persistir acreditando que os pacientes vão aparecer se fizermos corretamente nosso trabalho.

Para mim, dedicação é tudo: é humildade, é amor ao próximo, mas não de uma forma idealizada. É preciso aceitar, analisar, adquirir experiência, ter ousadia, aplicar o que foi aprendido na faculdade e na vida. Não adianta fazer algo em que não se acredita.

Hoje sou realizado profissionalmente. Não estou rico, mas tudo o que conquistei foi fruto de meu trabalho, realizado com muito amor e seriedade.

Refletindo sobre o papel da Fisioterapia em minha vida, percebo que isso remete muito a meus pacientes voltarem a andar. Minha profissão, o trabalho que eu faço, que eu sempre fiz, "pôr o paciente em pé", foi sempre uma satisfação para mim. Conseguir que o paciente fique em pé, volte a andar e recupere a autonomia perdida: isso é a Fisioterapia para mim.

Na verdade, a Fisioterapia é minha vida, não consigo me imaginar em outra profissão. É um casamento sem prazo para acabar. Já fiz outras coisas que gostei, mas nenhuma delas me proporcionou a satisfação e a realização que a Fisioterapia me traz.

Sou fisioterapeuta! Não é só o que sei fazer, mas, sim, o que quero fazer. É uma profissão diferente das outras. Exige muito do emocional e eu sou muito emotivo. Minha profissão me proporcionou saber de verdade o que é amor ao próximo. É diferente de falar da boca para fora. É sentir esse amor, despertar esse sentimento, ao ver a conquista de um paciente ao voltar a andar, a mexer um braço, a conseguir ficar em pé sem depender de alguém.

Se eu não fosse fisioterapeuta, certamente seria uma pessoa muito diferente. Não gostaria de ter feito outra escolha e isso me dá muita tranquilidade. Tenho uma história de vida em que passei por muitas coisas, mas cada uma delas me trouxe até aqui. Abriram minha cabeça, tornaram-me quem sou.

Finalmente, quero reafirmar por que escrevi este livro:

- para compartilhar os conhecimentos que adquiri, as experiências que tive em minha trajetória de trabalho na Fisioterapia e os sucessos que obtive. Minha fé no que aprendi e no que a Fisioterapia é capaz de realizar;
- para contribuir para a valorização da Fisioterapia e dos profissionais que a ela se dedicam.

Esta obra foi redigida para quem estuda ou já pratica a Fisioterapia, mas também para profissionais ligados a essa área, como médicos e enfermeiros. Foi redigida também para os familiares das pessoas que necessitam dos cuidados de um profissional da Fisioterapia, particularmente na área da Fisioterapia Neurológica, minha especialidade.

Se a leitura desta obra contribuir para que a Fisioterapia seja valorizada como acredito que deva ser e se as experiências relatadas ajudarem as pessoas a ter esperança e confiança na própria recuperação ou na recuperação de seus familiares, procurando o tratamento fisioterapêutico adequado, penso que posso encerrá-lo aqui e me considerar satisfeito por tê-lo feito.

FONTES Lyon e The Sans Mono